Veronica Groocock ist freischaffende Journalistin. Sie lebt in Brighton.

Deutsche Erstausgabe August 1990

Titel der Originalausgabe »I, Alison – Reaching For A Life Of My Own«

Originalverlag Victor Gollancz Ltd., London
Umschlaggestaltung Adolf Bachmann
Umschlagfoto radius
Gesamtherstellung Ebner Ulm
Printed in Germany 5 4 3 2 1
ISBN 3-426-02428-4

Alison French/ Veronica Groocock:

Alison

Ich bin wie alle anderen

Aus dem Englischen von Christine Steffen

Knaur®

INHALT

1

Pflaster und Beulen

Ich habe lange gebraucht, bis ich erkannte, daß gesunde Menschen mich als behindert betrachten. In meinen Augen bin ich körperlich genauso wie sie. Ich sehe andere nicht in Beziehung zu mir selbst und denke dann: »Sie sind anders.« Wenn ich Menschen treffe, muß ich zuerst einmal ihnen fast helfen, sich an meine Behinderung zu gewöhnen. Wenn ich einen überfüllten Raum betrete, nehmen mich die Menschen zu allererst als behindert wahr, aber wenn ich einige Zeit mit ihnen zusammengewesen bin, bemerke ich einen Wandel in ihrer Haltung, ihrem Ausdruck. Sie denken: »Sie hat ja doch ein Hirn. Sie kann reden«, und egal, wo ich hingehe oder mit wem ich zusammen bin, es ist immer das gleiche.

Leute, die mich eine Zeitlang kennen, vergessen allmählich, daß ich behindert bin, und ich vermute, es liegt daran, daß ich eine starke Persönlichkeit bin. Obwohl ich im Grunde ein umgänglicher und geselliger Mensch bin, kann ich auch hartnäckig, wütend und aggressiv sein.

Nun, was ist schon »normal«? Für mich impliziert »normal« »vollkommen«, und wer ist schon vollkommen? Ich glaube, daß jeder in gewisser Weise behindert ist. Man mag schwerhörig sein, Angst haben, vor Gruppen zu sprechen, oder nicht schwimmen können. Solche Probleme können einen Menschen wahrlich behindern. Eine Behinderung ist nicht immer offensichtlich oder auffällig, steht nicht immer ab wie ein weher Daumen. Eine Behinderung hält einen davon ab, etwas zu tun, während einem ein Handicap von der Gesellschaft auferlegt wird.

Ich bin behindert, aber die Gesellschaft in ihrer Unwissenheit und ihrem Mangel an Verständnis macht mich in manchen Situationen erst behindert. Ich denke da nicht nur an die körperlichen Aspekte, wie den Zutritt zu Gebäuden, sondern auch an das allgemeine Verhalten der Menschen mir gegenüber – die Art, wie sie mich ansehen und mit mir reden, die oft unbewußten Demütigungen, die sie mir antun.

Das regte mich schon auf, als ich noch ganz jung war, und eine Begebenheit ist mir besonders im Gedächtnis geblieben. Ich ging mit meinem Vater im Park in Watford spazieren, als eine Frau auf uns zukam, mich überhaupt nicht beachtete und zu meinem Vater sagte: »Möchte sie vielleicht etwas Süßes?«

»Nein, danke«, antwortete ich und starrte sie drohend an, worauf sie den Mund hielt.

Je schneller die Menschen fähig werden zu sagen, daß niemand »normal« ist, desto besser könnte die Welt sein, die wir haben.

Ich bin es müde, als »Spastikerin« tituliert zu werden. Ich bin einfach ich . . . und doch haben andere das Gefühl, sie müssen mich in eine Kiste mit einem Schild daran stecken. Der richtige Ausdruck für meinen Zustand ist athetoide zerebrale Lähmung (CP), und sie betrifft meine Koordinations- und meine Sprechfähigkeit. Mein Körper wackelt ständig, und ich habe eine leichte Sprachbehinderung.

Ich war von Geburt an gelähmt, mein Gehirn war beschädigt worden, es hatte zu wenig Sauerstoff bekommen, eine Folge der langen Zangengeburt. Meine Mutter hatte zweiundsiebzig Stunden lang Wehen und mußte noch zwei Wochen nach meiner Ankunft im Krankenhaus liegen, da ihr Zustand lebensgefährlich war. Mich behielt man weitere zwei Wochen im Krankenhaus, in einer Spezialabteilung, und ich verbrachte die ersten vier Tage meines Lebens in einem Inkubator.

Ich wurde in Watford am 27. August 1963 geboren und war ein gesundes, zufriedenes Baby (acht Pfund und 340 Gramm Geburtsgewicht). Offenbar schlief ich jedoch mehr als die meisten Babys, und selbst nachdem ich aufgewacht war, machten die Leute Bemerkungen darüber, wie müde ich aussah. Schon früh bestand das Hauptproblem im Füttern, denn ich konnte nicht saugen. Stillen war unmöglich, und das Füttern mit der Flasche dauerte eine Ewigkeit. Hinzu kam, daß mein Körper schlaff war und nicht koordinieren konnte. Wegen dieser Schlaffheit war ich ein sehr schweres Kind, da ich mein eigenes Gewicht trug.

Erstaunlicherweise erzählte man Mum und Dad erst, als ich zwanzig Monate alt war, daß ich CP hatte. Bis dahin hatte meine Mutter mich zu regelmäßigen Untersuchungen ins Krankenhaus des Ortes gebracht. Man sagte ihr, daß trotz meiner langsamen Entwicklung kein Grund zur Sorge bestünde. Sie sollte nur ganz normal weitermachen, und alles wäre gut. Und doch spürte sie, daß etwas nicht stimmte. Sie sah ihre Freundinnen mit ihren Babys, die anfingen zu krabbeln und sich aufzusetzen, und natürlich fragte sie sich langsam, warum ihres so sehr nachhinkte.

Meine Eltern erhielten keine Ratschläge oder emotionale Unterstützung, die ihnen geholfen hätte, mit einem behinderten Baby fertig zu werden. Sie waren böse, traurig, deprimiert – die ganze Skala menschlicher Reaktionen –, aber es gab niemanden, an den sie sich wenden konnten, der ihnen zuhörte, niemanden, der ihnen sagte: »Es muß schwer für Sie sein«, oder: »Wie kommen Sie zurecht?«

Sie lernten bald, daß man von ihnen erwartete, daß sie mit den alltäglichen Aufgaben, für ein behindertes Kind zu sorgen, fortfuhren, ohne Zeit zum Nachdenken, zum Reden oder zum Loswerden von Gefühlen zu haben. Es muß ein Riesenschock sein, plötzlich mit einem Kind konfrontiert zu sein, das fast wie ein Fremder für einen ist, und trotzdem schien die allgemeine Haltung zu sein: »Es ist Ihr Kind: Sie werden damit fertig.« Meine Eltern bekamen das Gefühl, daß sie die einzigen Menschen auf der Welt waren, die ein Kind mit CP hatten, und daß das ihr Problem sei.

Wie bei den Behinderten selbst, ist es auch hier: Manche kommen besser damit zurecht als andere. Während viel Zeit und Mühe investiert wird, ihnen zu helfen, mit ihren körperlichen Einschränkungen klarzukommen, werden ihre Gefühle eher vergessen, und man nahm einfach an, daß ich mich anpassen und zurechtkommen würde.

Die Unterstützung, die meine Eltern und ich bekamen, lag auf der rein praktischen Ebene, wie zum Beispiel Physiotherapie und Sprachtherapie. Ich begann mit der regelmäßigen Physiotherapie, als ich zwei Jahre alt war. Jeden Morgen holte mich ein Krankenwagen ab und brachte mich ins Spastikerzentrum. Ein- oder zweimal in der Woche kamen Mum und Dad mit und boten ihre Dienste an, um Geld aufzubringen (Dad leitete den Dolls and Boxes Fund) oder um zu malen oder auszuschmücken. Sie halfen aus, wann immer es während meiner Schulzeit nötig war; sie brachten Geld für die Spastiker-Gesellschaft auf und so weiter.

Von Anfang an waren meine Eltern entschlossen, daß ich ein so normales Leben wie möglich führen sollte. Die Ärzte sagten ihnen, daß ich niemals reden oder laufen könnte, aber ich habe beides gelernt. Mein Vater kanalisierte seine Wut und seine Aggressionen dahingehend, daß er mir half, beweglicher zu werden. Er ließ mich Dinge tun, die ich nicht immer tun wollte, die aber gut für meine Entwicklung waren. Er stellte Laufbalken am Rand des Gartens auf, so daß ich schließlich um den Garten herumgehen konnte und mich dabei selbst stützte.

Als ich ungefähr zwei war, ging ich im Zimmer auf meinem »Sattel«töpfchen herum, grub meine Hacken hinein und krabbelte rückwärts auf dem Boden zurück, bis ich an die Wand stieß. Dann bekam ich einen »Spider«, einen Minibuggy mit Rädern, und dann lernte ich auf einem Dreirad

zu fahren. »Spider« war lange Zeit ein Spitzname für mich – oder »Krebs«, weil ich darin auch seitwärts gehen konnte.
Für draußen machte Dad mir einen Babyläufer, eine Kiste auf Rädern mit einem breiten Griff an einem Ende. Die Kiste wurde mit Spielzeugsteinen heruntergedrückt, und offenbar hängte ich mich über den Griff und zog mich, indem ich beide Beine benutzte, vorwärts.
Mein Vater behauptet, daß ich an meiner Puppe Physiotherapie anwendete. Ich streichelte die Hand der Puppe mit einer Bürste, weil man das mit meinen Händen machte, damit sie reagierten, wenn ich meine Physiotherapie hatte. Als er mich diesen Vorgang imitieren und wiederholen sah, fühlte Dad sich verletzt, weil ich keine »normalen« Spiele mit »normalen« Kindern spielte. Er erkannte darin den großen Kampf, den ich durchstehen mußte, um in der Gesellschaft akzeptiert zu werden, einer Gesellschaft, die jene Menschen, die nicht in ihre Strukturen passen, als bedrohlich oder schädlich empfindet. Als ich ungefähr vier war, konnte ich stehen, wenn ich mich an etwas festhielt, aber erst als ich sieben war, begann ich allein zu laufen. Meine Eltern gingen vor allem von ihrem Instinkt aus und schoben lange meinen Körper, bis ich schließlich ohne Hilfe laufen konnte. Ich war sehr tatterig, wie eine alte Frau, ich stolperte von einem Möbelstück zum nächsten und klammerte mich fest, so gut ich konnte. Ich meisterte nur kurze Wege. Jetzt ist das längste, was ich bewältigen kann, ungefähr eine halbe Meile, Bergauf- und Bergabgehen läßt mich langsamer werden. Ich brauche alle Konzentration, und es ist mir auch nicht möglich, schwere Einkaufstaschen heimzutragen.
Nur durch die Hartnäckigkeit und die Ermutigung meiner Eltern bin ich das geworden, was ich heute bin. Die Fachleute haben einfach nicht die Zeit, die Möglichkeiten und die Fähigkeit zur Hingabe. Als ich zur Schule kam, hatte ich jeden Tag Physiotherapie, aber bald wurde es weniger, und

in der höheren Schule hatte ich nur noch eine halbe Stunde pro Woche. Ich habe nie Stöcke verwendet, da meine Koordinationsfähigkeit dafür zu gering ist. Und ich benutze einen Rollstuhl nur, wenn es absolut nötig ist – zum Beispiel, wenn ich ins Ausland reise. Ich bin nicht gerne in einem Rollstuhl, weil ich mich dadurch auf einer ganz anderen Ebene befinde als die übrigen Menschen, die dann oft über meinen Kopf hinweg mit der Person reden, die mich schiebt.

Bis zum fünften Lebensjahr mußte ich Spezialstiefel mit Stahlkappen tragen, um einen besonderen Halt zu haben – und um sie nicht zu schnell abzutragen, da ich dazu neige, meine Füße schleifen zu lassen und mit den Zehen kratze. Schuhe zu kaufen ist für mich ein andauerndes Problem, und als ich ein Teenager war, gingen meine Eltern durch die Hölle, als ich Schuhe mit Keilabsatz wollte, wie sie damals modern waren. Ich muß »vernünftige« Schuhe tragen und bin am glücklichsten mit Stiefeletten oder Schnürschuhen, aber bei besonderen Gelegenheiten versuche ich, etwas Schickeres zu tragen.

Ich erscheine anderen Menschen wackliger, als ich wirklich bin. Wenn ich auf einem schmalen Weg oder auf Kopfsteinpflaster gehen, rufen sie: »Ally, paß auf!« Sie sind nervös wegen mir, aber ich weiß, daß ich sicher bin, da ich meine eigenen Fähigkeiten kenne.

Wir lebten als Familie eng zusammen und taten das, was die meisten Familien tun, wie z. B. die Ferien zusammen verbringen oder ins Kino gehen ... und wir waren uns auch körperlich nahe. Es wurde viel geküßt, umarmt und gekuschelt, aber wenn es darum ging, über Probleme zu reden, fanden meine Eltern das schwierig. Für meinen Vater ist es schwer, seine inneren Gefühle auszudrücken; Mum hat sich in den letzten Jahren mehr geöffnet, teilweise wegen ihrer Sozialarbeit; sie ist Familienfürsorgerin, und ihre Aufgabe ist es, Freiwillige zu koordinieren.

Diese Arbeit hat ihr bei ihrer eigenen Entwicklung sehr geholfen.
So viel hängt von den Eltern ab, und Gott sei Dank hatte ich gute, starke Eltern, die bereit waren, Zeit und Geduld aufzubringen, um mit mir zu arbeiten – und einen Bruder, Andy, der mich als gleichberechtigt behandelte.
Mein Vater ist Klavierstimmer. Er arbeitete früher in einer Papiermühle und machte viele Überstunden, um sicher zu sein, daß keiner in seiner Familie etwas entbehrte. Die meisten Leute sehen Dad als Scherzbold und finden ihn sehr offen, aber er hat noch eine andere Seite. Er ist ein Mensch mit wechselnden Stimmungen, der dazu neigt, seine Gefühle in sich zu verschließen, besonders wenn es um Dinge geht, die seine Familie betreffen.
Andy ist einige Jahre jünger als ich. Er und ich waren uns als Kinder recht nahe, und da niemand mich richtig verstehen konnte, redete er meistens für mich. Er erzählte den Leuten, was mit mir nicht stimmte: »Sie ist Spastikerin und kann nichts dafür.« Allen erzählte er das. Mir ist unklar, woher er die Worte nahm. Er war erst vier oder fünf, als er anfing, mich zu beschützen. Und wenn er dachte, daß mich jemand auslachte, wurde er wütend und wollte demjenigen eine runterhauen.
Einmal spielten wir vor unserem Haus, Andys Spielkameraden waren in der Nähe, und einer von ihnen neckte mich, nannte mich »Spastikerin« und beschimpfte mich. Andy wurde sauer ... »Wag es nicht, meine Schwester zu beleidigen!«
Jahre später, als ich ungefähr zweiundzwanzig war, fuhr er mein Auto, und ich saß neben ihm auf dem Beifahrersitz, und als wir die Straße zu unserem Haus hinabfuhren, starrten mich zwei kleine Mädchen an. Wir hielten vor dem Haus, und er schrie ihnen von der Tür aus zu: »Wen starrt ihr denn so an?« Ich konnte erkennen, daß er wirklich empört war. Ich war verletzt und verärgert, aber solche Dinge

sind so oft passiert, daß ich gelernt habe, sie bis zu einem gewissen Grad auszuschalten. Die Leute flüstern sich etwas zu. Zwar kann man nicht hören, was sie sagen, aber man spürt, daß man im Mittelpunkt ihrer Aufmerksamkeit steht. Ich erinnere mich daran, wie die ganze Familie jeden Sommer mit dem Wohnwagen auf die Isle of Wight fuhr . . . um mich morgens zu waschen, ging ich zu den gemeinsamen Waschräumen, und keiner benutzte dann das Becken neben mir. Mit so etwas mußte ich in all den Jahren fertig werden. Damals hatte ich nicht den Mut, mich der Herausforderung zu stellen. Ich wurde erregt, selbst wenn ich nur dachte, daß die Leute über mich redeten. Ich hatte wahrscheinlich gesehen, wie sie mich ansahen oder flüsterten. Man kann leicht paranoid werden, vor allem als Kind, und ich stellte mir immer vor, daß die ganze Welt auf mich zeigte und mich anstarrte. Ich zweifle daran, ob man jemals über all diese Gefühle, all diese Ängste ganz hinwegkommen kann.

Es ist seltsam, daß keiner mir tatsächlich sagte, was mit mir nicht stimmte, und ich weiß immer noch nicht genau, wie ich es herausfand. Alle fünf Jahre wurde ich zur Untersuchung ins Spastikerzentrum in London geschickt. Ich nannte es die Folterkammer! Sie ließen mich schreckliche Dinge tun wie Knoten auflösen, Stecker herausziehen – und Briefe in Umschläge stecken. Man teilte uns für bestimmte Aufgaben in Mannschaften ein und stoppte uns mit der Stoppuhr. Was die »Brief«-Aufgabe angeht, so erinnere ich mich, daß vier von uns um einen Tisch saßen. Einer faltete einen Brief in der Mitte und gab ihn dem nächsten, der ihn dann in einen Umschlag steckte. Ein dritter klebte ihn zu, und ein vierter versah ihn mit einer Briefmarke.

Ich erinnere mich, daß ich immer wieder Befehle hörte: »Schlucke!« kam häufig vor. Bis ich ungefähr fünf war, trug ich ein Lätzchen, weil ich Probleme mit meiner Spucke hatte und mir viel herauslief. Das hatte etliche Erkältungen zur Folge, da meine Brust ständig feucht war.

Dann gab es noch: »Leg dich auf den Boden . . . Streck die Beine aus . . . Geh richtig . . . Kopf hoch . . . Schultern zurück.« Mein linker Fuß steht nach außen, wenn ich laufe, und ich muß ihn nachziehen. Ich kann richtig damit gehen, aber es ist sehr unbequem. Doch Mitglieder vom Personal – in der Schule und in der Spastiker-Gesellschaft – riefen immer wieder: »Fuß rein!«

Andy und ich sind sehr verschieden. Ich gehe aus mir heraus und rede viel, komme immer auf den Punkt. Er ist schüchtern, konservativ und gibt nicht gerne Informationen preis. In gewisser Weise ist er wegen mir in den Hintergrund gedrängt worden. Immer kamen ich und meine Behinderung zuerst. Immer wenn ich hinfiel, hieß es: »Oh, schnell! Hilfe! Alison ist hingefallen.« Wenn Andy in der Nähe war, so war sicher er es, der mir wieder aufhalf. Ich hatte ständig aufgeschürfte Knie und Schienbeine, doch ich lernte, die Hand auszustrecken, um mir zu helfen, und als Ergebnis bekam ich zahlreiche Schnitte und Kratzer auf meinen Handflächen. Meine Stirn war von Beulen bedeckt von all diesen Stürzen, und deshalb begann ich einen Sturzhelm zu tragen. Und auch Knieschützer, da meine Mutter die Nase allmählich voll hatte davon, auf meine Hosen Flicken zu nähen. Wenn ich hinfalle, werde ich so sauer auf mich – und verlegen. Es passiert mir jetzt noch, wenn ich übermüdet bin.
Als ich vor ein oder zwei Jahren in Worcester war, fiel ich auf der Hauptstraße hin. Ein vorbeifahrender Krankenwagen kam herbeigerast, und der Fahrer bot an, mich ins Krankenhaus zu bringen. Mark, mein Mann, und ich waren einkaufen gewesen, und Mark trug einen großen Beutel mit Hundefutter über der Schulter. Wie immer, wenn ich hinfalle, war ich sehr sauer auf mich, und ich ließ meine ganze Frustration an dem Sanitäter aus. Mark sagte zu ihm: »Meine Frau hat zerebrale Lähmung.« Ich wurde starrköp-

fig und beharrte darauf, daß ich dorthin zurückgehen wollte, wo wir wohnten. (Wir waren auf Urlaub am Kanal.)

Ich war ein recht störrisches Kind, und ich wußte das besorgte Verhalten meines Bruders nicht immer zu schätzen. Tatsächlich mißbrauchte ich es. Immer ging es: »Andrew, tu dies . . . tu das.« Ich benützte ihn für Botengänge.

Später, als ich ins Internat ging, machte man großes Aufhebens um mich, wenn ich am Wochenende heimkam, und ich glaube, daß ihn das wohl verletzt haben muß.

Andy machte niemals Zugeständnisse an meine Behinderung. Wir stritten uns und kämpften ständig. Im allgemeinen kämpften wir mit unseren Fäusten wie alle Brüder und Schwestern – aber auf den Knien, da ich nicht stehen konnte. Ich kann mich daran erinnern, wie ich mich auf einen unserer Kämpfe vorbereitete. Wir machten Schwerter und Schilde aus Pappestücken, schnitten sie aus und malten sie an, bevor wir uns zu einem großartigen Duell trafen! Ich erkannte bald, daß, wenn ich weinte, ich Dad auf meine Seite bekommen konnte, und so gewann ich schließlich, und Andy wurde ausgeschimpft und auf sein Zimmer geschickt. Auf diese Weise nutzte ich unbewußt meine Behinderung aus. Es gab keine echte Bevorzugung, aber, wie in den meisten Familien, neigte Mum dazu, ihren Sohn mehr zu schützen und Dad seine Tochter.

Wie viele Kinder lebten wir in einer Phantasiewelt. Im Auto, wenn unsere Eltern einkaufen waren, spielten wir Tschitti-Tschitti-Bäng-Bäng, sangen und drückten verschiedene Knöpfe am Armaturenbrett, dabei taten wir so, als würden Flügel auftauchen, und stellten uns vor, wir flögen.

Wir spielten im Haus eine Abwandlung dieses Spiels. In unserem Flur hatten wir einen elektrischen Heizofen mit einem großen orangefarbenen Teppich davor. Wir standen um sechs Uhr auf, trugen all unsere Teddybären nach

unten und bauten sie auf diesem »fliegenden Teppich« auf; wir machten den Ofen an, bis es richtig heiß war, und stellten uns vor, wir wären auf dem Weg in exotische Länder.
Wir spielten so weiter, bis Dad von der Nachtschicht in der Fabrik heimkam. Er machte unser Frühstück, und dann gingen wir zur Schule, nachdem wir zuerst um die Welt gefahren waren.
Neben unserem Garten ist ein Schrebergarten, hinter dem Wälder liegen, und Andy und seine Freunde gingen dorthin und bauten Lager in den Bäumen. Wir erfanden Namen für die verschiedenen Waldbezirke. Da war das Glockenblumenland, das Riesenland (in dem es all die hohen Bäume gab) und das Grüne Land (wo das dichte Gras wuchs). Er schloß mich nicht völlig von seinen Aktivitäten aus, sondern die Jungen ließen mich den »Wachtposten« spielen. Ich durfte nicht ins Lager hinein, aber ich mußte ihnen sagen, wenn jemand kam.
1969, als ich sieben war, begannen wir mit dem Campen. Unser erster Wohnwagen war so klein, daß wir ihn alle Erdnuß nannten, doch wir fuhren mit ihm in den Ferien nach Cornwall, in den Lake District und nach Wales. 1974 kauften wir einen größeren Wohnwagen, und jeden Sommer wollte es die Familientradition, daß wir mit ihm auf die Isle of Wight fuhren.
Wir ließen uns auf dem Orchard-Caravan-Platz in der Nähe von Blackgang Chine nieder, einem Vergnügungspark mit Dinosauriern und einem Labyrinth, in dem Andy und ich uns ständig verirrten. Wir hatten Etagenbetten, und dauernd stritten wir uns darum, wer oben schlafen durfte, bis ich schließlich zu schwer wurde, als daß Papa mich immer nach oben heben konnte.
Auf dem Platz gab es ein Schwimmbecken, und wir spielten französisches Kricket. Jedes Jahr trafen wir auf dieselben Leute. Der Typ, dem der Platz gehörte, hatte einen

sehr gutaussehenden, blonden Sohn, und alle Mädchen waren verrückt nach ihm. Ich mochte Mike lieber, der kaputte Zähne hatte und den Andy Bugs Bunny nannte.
Unterhalb des Platzes lag ein Bauernhof, dessen Besitzer ein Mann namens Ivor war, der über sechzig und ziemlich fett war. Alle Kinder, mich und Andy eingeschlossen, versammelten sich und hüteten seine zehn Kühe. Wenn wir früh genug aufstanden, durften wir melken, und ein- oder zweimal misteten wir den Stall aus: Ich kann mich erinnern, wie er zu den Wohnwagen kam und uns Tüten mit Sahne brachte.
Zu Hause hatte ich außerhalb der Familie nicht viele Freunde. Da gab es Jackie und Janice, aber sie waren älter als ich, und die Schwestern von Andys Freunden – keine richtigen Freundinnen also. Ich nehme an, ich war wohl eifersüchtig auf Andys Freiheit, obwohl ich keine deutliche Erinnerung daran habe, wie ich mich damals fühlte. Ich kann mich nur daran erinnern, daß ich Mama fragte: »Warum kann Andy weggehen und spielen und ich nicht?« Ich glaube nicht, daß ich jemals eine befriedigende Antwort erhielt oder aufgeklärt wurde, ich hing weiter in der Luft.
Ich denke nicht, daß sie wußte, wie sie es mir sagen sollte. Wie erklärt man einem zehnjährigen Kind: »Du bist anders, und die Leute mögen dich nicht, weil du anders bist?«
Die meisten Mitglieder meiner Verwandtschaft haben viel geholfen, obwohl ich glaube, daß meine Eltern einige Freunde verloren, weil diese meine Behinderung nicht akzeptieren konnten oder vielleicht nicht verständnisvoll genug waren. Indirekt habe ich meine Eltern möglicherweise davon abgehalten, bestimmte Dinge zu tun, die sie tun wollten. Es war einmal die Rede davon, nach Kanada auszuwandern (Dads Schwester, Tante Vera, lebt dort), aber es wurde nie verwirklicht.
Als ich kleiner war, fühlte ich mich eingeschränkt, isoliert. Ich bezweifle, daß meine Eltern wußten, warum ich so er-

regt war, denn in dieser Phase gab es wenig Kommunikation zwischen uns. Da hieß es nur: »Oh, Alison hat einen Wutanfall. Achte nicht auf sie, sie wird sich schon wieder beruhigen.« Sie waren sich oft nicht sicher, was los war, da ich es ihnen nicht sagen konnte. Bei anderen Gelegenheiten kamen sie gut mit mir aus, verstanden meine wirren Versuche, mich auszudrücken, und dann boten sie mir Umarmungen, Trost und Beruhigung.

Ich bekam Sprachtherapie vom zweiten Lebensjahr an, bis ich fünfzehn war. Zuerst mußte ich vor einem Spiegel sitzen und meine Zunge über meine Lippen bewegen, Marmelade von einem Spachtel lecken, um die nötige Zielsicherheit zu üben, und auf meine Lippen zu achten, während ich sprach. Später, als ich auf dem College war, schlossen sie mich an eine Maschine an, um den Ton meiner Stimme zu überwachen und sie versuchsweise zu variieren, denn fast immer hat sie mehr oder weniger denselben Tonfall.

Die meisten Leute konnten mich so ungefähr verstehen, als ich sechs Jahre alt war. Vorher war ein Gespräch, außer wenn sie regelmäßigen Kontakt mit mir hatten, schwierig, weshalb Andy als mein Dolmetscher fungierte. Es war leichter und ging schneller, wenn ich seine Hilfe in Anspruch nahm. Manchmal wußte er, was ich wollte, ohne daß ich ein Wort sagen mußte.

Ich erinnere mich daran, als wir bei unserer Kinderfrau, Dads Mutter, in Bushey waren und Andy für mich »übersetzte« und alles sagte, was ich brauchte. Auf lange Sicht machte mich das faul. Ich war so daran gewöhnt, mich auf Andy zu verlassen, daß, als ich zur Schule kam, ich es so viel schwieriger fand, zu sprechen.

Ich ging, als ich drei war, kurze Zeit in den Kindergarten. Er wurde geleitet von einer Mrs. Varley in Croxley Green, und ich war das einzige behinderte Kind dort.

Als ich vier war, schickten meine Eltern mich einen Nachmittag in der Woche in die York Road Infants School, nur um zu sehen, ob ich damit fertig werden konnte, in eine normale Schule zu gehen. Meine hauptsächliche Erinnerung daran ist, wie ich auf einem Stuhl in der Mitte des Klassenzimmers saß und die anderen Kinder auf dem Boden um mich herum. Der Lehrer saß uns gegenüber, las eine Geschichte vor, und ich sah nur Reihen mit Köpfen unter mir. Danach erhoben sich alle Köpfe, als die Kinder aufstanden und hinausliefen und mich allein ließen.

Ich blieb nicht lange dort – nur ein paar Wochen. Die Schulleitung und meine Eltern hatten das Gefühl, daß ich körperlich nicht stark genug sei, um Schritt zu halten, und es gab keine speziellen Einrichtungen für behinderte Kinder. Ich weiß auch, daß mein Dad den Gedanken haßte, daß mich jemand auslachte und sich lustig machte über mich, aber das tun alle Kinder. Man braucht nur einen kleinen Fleck im Gesicht zu haben, und schon heißt es: »Hallo, du da, Flecky!«

Dann mußte ich zur Untersuchung in die Zentrale der Spastiker-Gesellschaft in London gehen, und man beschloß, daß eine Sonderschule für meine Bedürfnisse besser sei. Ich wurde Schülerin in der Hangers Wood School in South Oxhey (in Hertfordshire), die Kinder mit unterschiedlich schweren Behinderungen ab dem fünften Lebensjahr aufnahm und sich in allen Phasen der Erziehung um sie kümmerte.

Jeden Morgen holte mich der Schulbus ab. Die Schule lag nur fünf Meilen von zu Hause weg, aber da das Einzugsgebiet so groß war, fuhren wir mindestens eine Stunde umher und sammelten all die anderen Kinder auf dem Weg ein. Einige waren im Rollstuhl und mußten in und aus dem Bus mit einem elektrischen Flaschenzug getragen werden und wurden dann in die mittlere Reihe gesetzt. Barbara, die Begleiterin, überwachte diesen Vorgang. Aus irgendeinem Grund mochte sie mich nicht und schnallte meinen Sicher-

heitsgurt immer zu fest. Der Fahrer war alt und gemein, und keiner durfte auf der Fahrt reden.
Diese Schule machte Spaß und stellte keine richtige Arbeit dar. Ich kicherte immer ziemlich viel, lachte über alles und jeden. Das Personal zog mich auf, und ich scherzte zurück. Es war eher eine Familie als eine Schule.
Obwohl ich seit meinem dritten Lebensjahr mit Behinderten zusammen war und das Spastikerzentrum des Ortes wegen meiner Physiotherapie besuchte, war das das erste Mal, daß mir richtig bewußt wurde, wie es war, mich unter ihnen, en masse, zu bewegen. Der Hauptschwerpunkt lag auf körperlichen Aktivitäten: Schwimmen, Reiten, Tanzen und Physiotherapie. Die Schule hatte ihre eigene Physiotherapieabteilung, die wie eine Miniturnhalle aussah mit Laufstangen, Sandsäcken, Gewichten, Dreirädern . . .
Ich lernte, Dinge vom Boden aufzuheben, Knöpfe und Bänder zuzumachen und vor einem langen Spiegel zu gehen. Ich mußte zum Spiegel hingehen und mich dabei an zwei Stangen festhalten und mich darauf konzentrieren, meine Knie, Füße und meinen Rücken gerade zu halten. Der Physiotherapeut stand hinter mir, führte mich und zeigte mir, wenn ich falsch ging. Es gab Beinübungen (Kletterwände hinauf- und hinuntersteigen), Rollübungen und Streckübungen, die ich machte, wenn ich mit dem Bauch auf einem großen aufblasbaren Ball lag. Der Physiotherapeut legte mich oben auf den Ball, und ich mußte versuchen, das Gleichgewicht zu halten.
Meine zwei besten Freunde in Hangers Wood waren Jean, der schwarz war und CP hatte, und Maria, die man aus einem Feuer gerettet hatte. Maria hatte am ganzen Körper schreckliche Verbrennungen. Sie lebte in dem Krankenhaus des Ortes, und immer wieder war sie einige Wochen nicht in der Schule, weil sie sich Hauttransplantationen unterziehen mußte. Ihre Hände sahen furchtbar aus, denn ihre Finger waren völlig ab-, richtig weggebrannt. Ich erinnere mich

daran, wie ich dachte, daß ich irgendwie ihre Hand halten müßte. Ich weiß nicht genau, warum ich dieses Gefühl hatte, aber schließlich tat ich es, und danach fühlte ich mich gut.

Maria war viel unausstehlicher als die anderen, was sie in meinen Augen sofort anziehend machte. Sie hörte nie den Lehrern zu und gab ständig Widerreden. Ich war damals noch zu lieb und brav, haßte den Gedanken daran, ausgeschimpft zu werden, und vor allem die Möglichkeit, daß man meinen Eltern von meinem schlechten Betragen erzählen könnte. Ich bewunderte Marias Kühnheit, ihre Gleichgültigkeit gegenüber Autoritäten.

Wir beide waren vergleichsweise gesund und unternahmen einige furchtbare Dinge zusammen; zum Beispiel nahmen wir Kindern die Krücken weg, so daß sie nicht mehr laufen konnten. Oberhalb der Hangers Wood School war eine andere Schule für Gesunde (Littlewood's). Wir hatten den unteren Spielplatz, und sie hatten den oberen. Die beiden Schülergruppen trafen selten zusammen, eigentlich nur, wenn die anderen Kinder herunterkamen, um unser Schwimmbecken zu benutzen.

Es gab Stunden in Lesen, in Englisch und Rechnen – und zum Lesen und Schreiben mußte ich zu einem Sonderlehrer. Diese kamen und holten einen aus der Klasse zum Einzelunterricht, und je langsamer ich war, desto weniger gefiel es mir und desto weniger Mühe gab ich mir.

Außerhalb der Schule schloß ich mich eine Zeitlang den Brownies an und wurde Mitglied in einer Gruppe, die zur Kirche gehörte. Dort wurde recht viel Sport getrieben und gespielt, und mein Dad machte sich Sorgen, ich könnte zuviel gestoßen werden. Doch mir gefiel es, und ich bekam einige Medaillen: die Medaille des Tierliebhabers (dafür, daß man seinen Hund ausführt und ihn pflegt) und die Haushaltsmedaille (dafür, daß man die Betten macht und Staub wischt). Da ich den traditionellen Brownie-Gruß nicht zustande brachte (Daumen und kleiner Finger nach unten), durfte ich meine eigene, nach oben zeigende Version ausführen.

Die Direktorin in Hangers Wood war Miß George, eine Dame mit einem sehr spitzen Gesicht. Sie war warmherzig, zugänglich und überhaupt nicht streng. Nach der Morgenzählung verteilten die Gesünderen unter uns die Milch an die anderen Kinder.

Miß George hatte einen langhaarigen Dachshund namens Susie. Sie brachte den Hund mit in die Schule und führte ihn mittags um den Spielplatz herum aus. Das war mir sehr recht, denn ich wuchs mit Hunden auf, und unsere ganze Familie liebte Hunde sehr.

Einige Jahre vorher beschäftigten wir uns mit jungen Hunden, die zu Blindenhunden ausgebildet wurden. Man nimmt den jungen Hund mit acht Wochen zu sich, zieht ihn auf und bringt ihm die ersten Gehorsamkeitsübungen bei.

Wir hatten Labradors und Schäferhunde, und jeder wurde ein Jahr lang Teil der Familie. Im ganzen hatten wir innerhalb von zehn Jahren ungefähr ein Dutzend, und ich denke daran gerne zurück, es war eine glückliche Zeit.

Meine Hauptaufgabe bestand darin, dafür zu sorgen, daß die Hunde gebürstet wurden und frisches Wasser bekamen. Ich war an den offenen Tagen im Hundetrainingszentrum in Leamington Spa, wo ich die Ausbilder und einige Blinde traf und zusah, wie die Hunde geprüft wurden. Es gab Schauen mit Preisverleihungen für den bestaussehenden Hund oder die Hündin oder für den bestausgebildeten Hund ... Meine Mutter gewann einen Preis für fünfzig Monate Welpenausbildung.

Die Hunde nachher zurückzubringen, brach einem das Herz: Sie binden sich so an einen und umgekehrt. Wenn sie zwischen einem Jahr und achtzehn Monate alt sind, werden sie dem Ausbildungszentrum zurückgegeben, damit sie lernen, im Zaumzeug zu arbeiten, bevor sie mit dem passenden Menschen zusammengespannt werden. Das letzte Stadium ist dann, wenn dem Menschen beigebracht wird, wie er mit dem Tier umzugehen hat – wie man die Leine hält usw.

Hunde nehmen einen wichtigen Platz in meinem Leben ein. Es gefällt ihnen immer so, einen zu sehen, und sie sind einem nie gram.

Mit Blindenhunden zu arbeiten war eine Möglichkeit, Menschen mit einer anderen Behinderung zu helfen. Es war eine angenehme Erfahrung, die mich viel lehrte. Sie zeigte mir, daß ich den Menschen etwas geben konnte, und machte mich weniger selbstsüchtig und rücksichtsvoller anderen gegenüber.

Ich kann mich nicht erinnern, daß ich irgend etwas Wertvolles in Hangers Wood gelernt hätte. Wir mußten nie Hausaufgaben machen. Ich hatte das Gefühl: »Du kommst her, setzt dich hin, und wir werden dich unterhalten.« Wenn man mir die Wahl zwischen Physiotherapie und Englisch gelassen hätte, hätte ich wahrscheinlich Physiotherapie gewählt, ich hatte damals eben absolut keine akademischen Neigungen.

Ich bin nicht nur körperlich behindert, sondern auch bildungsmäßig, denn in meiner Schulzeit entging mir vieles. Meine Behinderung macht es nötig, daß man sich um mich kümmert und mir gut zuredet, um mir zu helfen, mich zu verbessern; vernachlässigt werden dabei die anderen »Kleinigkeiten«: meine Erziehung, mein Sozialleben, die Gefühle. Andere Leute denken einfach, daß man damit zurechtkommt, aber Behinderte müssen lernen, mit vielen unterschiedlichen Gefühlen fertig zu werden, wie sie Gesunde niemals erfahren.

Dies ist einer meiner Kämpfe: Ich war so damit beschäftigt, zu lernen, wie man redet, läuft und Schuhbänder bindet, daß kaum Zeit übrigblieb für richtige Schulstunden, und ich habe das nie ganz aufgeholt. Die Betonung in Schulen für

Behinderte liegt auf der körperlichen Verbesserung. Obwohl ich damit einverstanden bin, glaube ich doch, daß die Behörden die Gewichte nicht richtig verteilen.
Ich denke, daß es in Ungarn ein viel besseres System gibt. Am Peto-Institut* in Budapest, an dem fördernde Erziehung im Mittelpunkt steht, wird Physiotherapie direkt im Klassenzimmer erteilt. Die Lehrer nennt man »Förderer«, und sie gehen mit den Kindern überallhin: in die Schule, nach Hause; sie folgen ihnen und helfen, die falschen Körperbewegungen zu korrigieren. Sie wissen, daß, wenn ein Kind sich besser fühlen soll, man sich ihm völlig, vierundzwanzig Stunden am Tag, widmen muß. Es nützt nichts, zwei Stunden täglich Physiotherapie zu haben, denn sobald die zwei Stunden um sind, fällt man in alte Gewohnheiten zurück.
Ich frage mich oft, wieviel besser es mir heute ginge, wenn ich diese Behandlung erfahren hätte. Offenbar kann mir das keiner beantworten. Diese Art von Behandlung muß konstant sein. Wenn man bedenkt, daß das nur fünf oder sechs Jahre des Lebens sind, so ist es eine recht kurze Zeit. Ich bin beeindruckt davon, wie die Jugendlichen, die hierher zurückkommen, fließend Ungarisch sprechen. Wenn man sieben Jahre alte CP-Patienten dazu bekommt, das zu schaffen, so beweist das nur, daß sie keine Lernschwierigkeiten haben. Als ich ein Kind war, wandte mein Vater ähnliche Methoden an wie das Peto-Institut, ohne es zu merken – so kitzelte er mich an den Fußsohlen, um meine Füße in Bewegung zu bringen. Von dem Punkt an begann sich meine Koordination zu verbessern.

* Das Peto-Institut war Pionier in einer Behandlung, die man fördernde Erziehung nennt und die Kinder mit CP und anderen Behinderungen befähigt, Bewegungen hintereinander zu lernen, und behauptet, daß siebzig Prozent der Patienten laufen können. Anfang 1989 kündigte die Spastiker-Gesellschaft einen Austausch für Personal und Kinder mit dem Peto-Institut an. Befürworter in England haben eine Stiftung für ein Zentrum für fördernde Erziehung in Birmingham gegründet.

2

Internat, Badewannenstöpsel und Jungen

Ich glaube, bevor man etwas gegen seine Behinderung tun kann, muß man die Tatsache erkennen, daß man anders ist, und das geschah bei mir im Alter von zehn Jahren. Ich mußte von der Tagesschule ins Internat überwechseln und konnte den Grund dafür nicht begreifen. Warum wurde ich plötzlich weggeschickt, während mein Bruder zu Hause bleiben durfte?

Es stellte sich heraus, daß meine Eltern mit meinen Fortschritten in Hangers Wood nicht glücklich waren. Sie gingen zur Direktorin und sagten: »Alison entwickelt sich nicht so, wie wir möchten«, oder ähnliche Worte in der Richtung. Darauf beschloß man, daß ich weg mußte, und ich fuhr zur Überprüfung in das Zentrum der Spastiker-Gesellschaft in London.

Es gab die Wahl zwischen zwei Schulen: die Lonsdale School in Stevenage (Wocheninternat), die sich um Kinder mit verschiedenen Behinderungen kümmert, und die Wilfred Pickles School, die von der Spastiker-Gesellschaft geführt wird. Ich schaute mir beide Schulen an und lehnte die Wilfred Pickles ab, weil es mir nicht gefiel, nur mit Spastikern zusammenzusein – ich dachte, damit trieb man die Trennung zu weit. Also entschied ich mich für die Lonsdale School und fuhr jede Woche ins Internat, kam Freitagabend heim und kehrte am Montagmorgen zurück.

Erst nachdem ich in der Lonsdale School angefangen hatte, wurde mir richtig klar, daß etwas mit mir nicht stimmte, obwohl keiner – am wenigsten meine Eltern – jemals gesagt hatte: »Du bist anders.« Die Erkenntnis traf mich am heftigsten bei meinen Wochenendbesuchen zu Hause. Mein Bruder schien froh zu sein, mich zu sehen, aber er spielte immer mit seinen Freunden, und ich hatte niemanden in meinem Alter, mit dem ich zusammensein oder mich anfreunden konnte. Ich kannte Leute, und die sagten: »Wie geht's denn? Wie kommst du weiter?«, aber sie waren nicht an mir als Spielgefährtin interessiert.

Ich weinte oft vor Enttäuschung darüber, daß ich gemocht werden und mit den anderen Kindern spielen wollte, aber nicht wußte, wie ich es schaffen konnte, akzeptiert zu werden. Meine Schule lag so weit weg von daheim, und die Freunde, die ich dort gefunden hatte, wohnten weit auseinander. Folglich lebte ich in der Woche umgeben von anderen behinderten jungen Leuten, und an den Wochenenden fühlte ich mich zunehmend isoliert.

Zuerst haßte ich es, weggeschickt zu werden. Ich haßte die Vorstellung, nicht jeden Abend heimzukommen und meine Eltern nicht täglich zu sehen. Die meisten anderen Kinder waren jünger nach Lonsdale gekommen als ich, manche vom Kindergarten an. Ich hatte so sehr Heimweh, daß ich meine Sachen packte, um fortzugehen . . ., doch in der zweiten Klasse hatte ich mich eingewöhnt, und das Leben wurde weniger einsam und aufregender. Mein Lieblingsspieltier, ein Fuchs namens Winnie (nach Winnie Puh, meinem Helden) begleitete mich in die Schule und zurück. Kurz nachdem ich angekommen war, verschwand Winnie plötzlich, und ich ließ die gesamte Schule nach ihm suchen. Wir fanden ihn schließlich im Kindergarten. Er war mein Maskottchen und kam mit mir zu Sportereignissen genauso wie jedes Wochenende nach Hause.

Zu acht wohnten wir in einer kleinen Wohnung, die von einer Hausmutter überwacht wurde. Es gab vier Schlafzimmer, einen gemeinsamen Wohnraum, Bad und Küche. Meine Zimmergenossinnen waren Stella und Lesley. Ich war die einzige, die einigermaßen gut laufen konnte. Lesley saß im Rollstuhl, und Stella war gelähmt und sehr langsam. An unserem ersten Abend blieben wir auf und feierten ein Mitternachtsfest. Wir versuchten dies regelmäßig zu machen, durchstreiften die Küche nach Brot, Obst und anderen Resten, die wir finden konnten.

Am nächsten Morgen nahm mich ein Mädchen namens Sylvia Touch, die später eine meiner besten Freundinnen wurde, in der Pause mit in den Flur neben der Halle, und dort hörten wir Platten. Bei ihr stimmte etwas mit den Beinen nicht, sie konnte nur mit abgeknickten Knien laufen . . . Es war eine große Halle, und viele Kinder spielten dort.

Ich erinnere mich, daß ich dachte: Diese Schule ist wirklich anders. Es gab einen weitgespannteren Lehrplan, und man legte mehr Wert auf Allgemeinbildung als in Hangers Wood. Die Schüler konnten mehr Zeit an ihren Schreibtischen mit Arbeiten verbringen. Wir hatten Zugang zu den Schreibmaschinen, wenn wir sie brauchten. Sie gaben mir einfach eine Schreibmaschine, zeigten mir, was all die Tasten und Knöpfe bedeuteten, und ließen mich allein damit. Ich kann nur mit einem Finger tippen.

Ich fing in Klasse Fünf, bei Mr. Sampson als Klassenlehrer, an. Er unterrichtete Religion und Englisch, und er kam am gleichen Tag wie ich in die Schule. Wir waren ungefähr zu zwölft in der Klasse, und alle hatten unterschiedliche Behinderungen. Meine erste Aufgabe bestand darin, mein eigenes Wörterbuch zu verfassen; ich mußte jede Seite mit A, B, C, D und so weiter betiteln, quer durchs Alphabet, und Wörter darunter aufführen, die ich schwierig fand.

Es gab eine kleine Bücherei, und wir konnten dort selbst unsere Bücher aussuchen. Meine Heilpraktikerin war Miß Lane, sie war sehr groß und trug eine dickrandige Brille. Ich verbrachte eine Stunde pro Woche bei ihr, um mein Englisch zu verbessern – und meine Rechtschreibung. Ein möglicher Grund dafür, daß meine Rechtschreibung so

schlecht war, ist – und das finde ich interessant –, daß es mir so schwerfällt, die Buchstaben richtig zu formen, wenn ich sie niederschreibe. Ich kann das Wort im Geiste sehen, aber es zu Papier zu bringen, strengt mich sehr an, und das beeinflußt meine Rechtschreibung. Ich kriege meine Buchstaben – und Zahlen – nicht richtig hin. Sie erscheinen alle verkehrt herum.
Ich kann nicht »zusammenhängend« schreiben. Ich muß alles in Druckschrift schreiben und sorgfältig nachdenken, wo ich den Stift auf die Seite setze. Es ist nicht immer leicht für mich, den richtigen Platz zu erwischen, und manchmal endet ein Wort zwischen den Zeilen: Alles geht sehr langsam. Andere Fächer waren Rechnen, Erdkunde, Geschichte und eine Zeitlang Handarbeiten, das mich zur Hysterie trieb. Das einzige, was ich je fertiggebracht habe, war eine Schürze für meine Mutter – ich glaube, sie hat sie immer noch. Wenn ich nähte, dann meist mit der Maschine, und die Lehrerin fädelte für mich ein, während ich dagegen gerne stickte.
Ich lernte auch die Grundbegriffe des Kochens und verbrachte sehr viel Zeit damit, Kuchen zu backen – meistens Kuchen, die steinhart waren.
Und Kunst. Ich haßte Kunsterziehung. Ich saß nur da und tat so, als hätte ich das Kunstwerk fertig, wenn es auch nur ein bißchen Kritzelei auf einem Stück Papier war. Es sollte um den Ausdruck der eigenen Persönlichkeit gehen, wo man auf die Farben schaut, die man benutzt, und auf die Formen, die man zeichnet (sind sie herzförmig? spitz?), und daraus auf eine tiefere, wichtige Bedeutung schließt.
Wir machten Collagen, verwendeten Holz und Nägel und arbeiteten mit Lehm und Ton. Mir gefiel Töpfern, ich war aber nicht sehr gut an der Töpferscheibe, da ich nicht die Kraft hatte, den Ton zu halten. Es war für meine Hände, die ich nicht koordinieren konnte, zu schwierig, damit umzugehen.

Das Beste für mich lag zwischen den Stunden: Man trug seine Bücher in andere Zimmer, sah seine Kameraden auf dem Weg und konnte ein wenig schwätzen. Ich machte mir einfach nicht viel aus der Schule. Meine Konzentrationsspanne war begrenzt, und ich fand es schwer, lange stillzusitzen.

Meine Welt veränderte sich auch auf mehr persönliche Weise. Ich begann, mir meines Körpers bewußter zu werden, wurde interessierter an Jungen. Viele verwirrende Probleme kamen an die Oberfläche. Abgesehen von der üblichen Schwärmerei für Popstars (ich war ein begeisterter Anhänger von Donny Osmond und gehörte zu seinem Fanclub) schwärmte man für etliche Lehrer und Angestellte. In den frühen Teenagerjahren weiß man nicht, wie man mit diesen Gefühlen umgehen oder sie artikulieren soll. Ich hatte nur eine heftige Schwärmerei, und die galt unserem Geschichtslehrer. Er sah nicht gut aus, aber er war locker und lachte gern.

Dann trat ein Mädchen namens Jenny in mein Leben – und sie veränderte alles. Jenny hatte Friedrich-Ataxie, eine Krankheit, die nach und nach den ganzen Körper befällt; sie fängt in den Füßen an und zieht langsam nach oben und beeinträchtigt dabei die Koordinationsfähigkeit. Da Jenny von einer Schule für Gesunde kam, unterschieden sich ihr Aussehen und ihre Haltung sehr von meiner – und das faszinierte mich. Jenny hatte die Welt draußen erlebt – Freunde, Jugendclubs, ein richtiges soziales Leben – und danach sehnte ich mich auch. Sie kämpfte dagegen, in eine Sonderschule zu kommen. Sie trug auch dazu bei, meine eigene rebellische Ader zum Vorschein zu bringen.

Sie war ein schlankes, attraktives Mädchen mit schulterlangem Haar. Sie liebte Motorräder und Lederjacken und sah sich selbst gerne als Rocker. Wie ich sie um ihre Schuhe mit den Plateausohlen beneidete! Jenny übernahm mein Leben. Sie verführte mich, dachte sich ständig Streiche aus und

kam in Schwierigkeiten, während ich einige Schritte hinter ihr blieb und im allgemeinen »Schmiere stand«.
In unserem letzten Jahr ließ uns die Leitung widerstrebend ein Zimmer teilen. Eines Nachts schlichen wir uns ins Bad, steckten die Stöpsel in die Waschbecken und Badewannen und überfluteten alles. Ich bekam wie immer bei solchen Gelegenheiten kalte Füße und sagte: »Jenny, ich glaube nicht, daß wir das tun sollten.« Aber sie erwiderte: »Komm schon, das macht Spaß. Sie werden nie rauskriegen, daß wir es waren, Alison.« Aber sie fanden es immer heraus, wie leidenschaftlich wir es auch hinterher ableugneten.
Ich hatte zwar Angst, entdeckt zu werden, aber noch mehr erschreckte mich die Aussicht, das Gesicht zu verlieren oder als »Angsthase« betrachtet zu werden.
Nach der Badezimmerepisode wurden wir zum Direktor zitiert, aber er war nicht da, und so mußten wir zum Schulrat Mr. Fletcher. Ihn fürchteten alle. Er war mittleren Alters und hatte einen dichten schwarzen Bart, glänzendes schwarzes Haar und einen ständig wütenden Gesichtsausdruck. »Wenn ihr das noch mal macht«, grollte er, »werde ich es euren Eltern sagen, und ihr dürft nicht mehr in einem Zimmer wohnen.«
Der Gedanke daran, daß man meine Eltern informieren könnte, ließ mich eine Zeitlang brav sein, doch Jenny scherte sich nicht darum . . .
In jedem Zimmer war eine Gegensprechanlage, die ständig eingeschaltet war für den Fall, daß jemand nachts um Hilfe rief. Manche Kinder konnten sich nicht mal im Schlaf umdrehen; andere brauchten Hilfe, um zur Toilette zu gehen. Ab und zu vergaßen Jenny und ich die Gegensprechanlage und zogen über einen Lehrer oder Betreuer her, erkannten erst zu spät, daß sie jedes Wort mit angehört haben mußten. Oft ermahnte man uns wegen unserer frechen Reden.
Einmal beschloß Jenny, eine Stinkbombe zu basteln. Wir holten Eier und fabrizierten eine Mischung im Chemiesaal

der Schule. Wir ließen sie in den Toiletten hochgehen, die gleich neben unserem Klassenzimmer lagen, und dachten, daß die Lehrer dann wegen des Geruchs die Stunde abbrechen müßten. Aber sie achteten einfach nicht darauf und ließen alle den ganzen Tag dort sitzen und den ekelhaften Geruch einatmen. Bald erwarben wir uns den Ruf der schrecklichen Zwillinge. Die Jungen mochten uns sehr, doch die meisten Mädchen nicht. Sie kennen doch die Art, wie Mädchen sich zum Klatschen in den Umkleideräumen zusammenscharen? Nun, eines Tages trafen wir dort auf ein Mädchen namens Sally Anne. Sie hatte eine Tüte mit Süßigkeiten, und Jenny und ich beschlossen, daß wir sie haben wollten, und um sie zu kriegen, zwängten wir Sally in einen der Schränke und drängten sie, uns die Süßigkeiten zu geben (sie hatte nur noch einige). Dieser Vorfall erhöhte unsere Beliebtheit auch nicht gerade.

Um die Zeit zwischen den Unterrichtsstunden totzuschlagen, schickten Jenny und ich uns Zettel über die Jungen, für die wir schwärmten, zu. Wir durften nicht nebeneinander sitzen, weil wir zu sehr störten, also saßen wir in entgegengesetzten Ecken des Zimmers.

Nach der Schule durften wir nicht zurück ins Schulgebäude gehen, aber Jenny rauchte gerne, und deshalb schlichen wir manchmal in die Klassenzimmer, und während Jenny einen schnellen Glimmstengel genoß, zog ich die Stecker von allen elektrischen Rollstühlen heraus, so daß sie keinen Strom mehr bekamen. Am nächsten Morgen wußten alle, daß wir es waren. Die Lehrer kannten bald all unsere Scherze und Tricks. Schließlich ließen sie uns hinunter in die Klassenzimmer gehen und Licht anmachen ... Zehn Minuten später waren sie dann auf dem Kriegspfad: »Was macht ihr denn da?«

Unsere Mathelehrerin war nach einem Schlaganfall leicht behindert. Sie hatte an einem Bein eine Schiene und ein Arm war gelähmt. Die ganze Klasse war gemein zu ihr, nicht nur ich und Jenny. Während sie etwas an die Tafel schrieb, warfen wir zusammengeknülltes Papier auf sie. Sie war eine schreckliche alte Kuh . . . Eines Tages kam sie nicht mehr.

Die Wohnungen, in denen wir lebten, waren streng getrennt, und um halb zehn Uhr mußte das Licht ausgemacht werden. Freunde unter den Jungen durfte man nicht haben, und Sex war ein Thema, das nie richtig zur Sprache kam und auch vom Lehrkörper nicht ernsthaft behandelt wurde. Beigebracht wurden uns nur die Grundzüge der Biologie, so daß wir wußten, woher die Babys kommen. Wir diskutierten nie über Gefühle oder Beziehungen. Ich glaube, daß die meisten Schulen zuwenig Zeit für diese Aspekte aufwenden, und ich denke, daß das ein Fehler ist.

Aber unter uns gab es richtige Paare. Einen Freund zu haben war ein Statussymbol und bedeutete, daß man zum inneren Kreis dazugehörte. Die meisten von uns waren Spätentwickler, und ich schreibe das dem Mangel an Erfahrung zu, was normales Zusammenkommen angeht. Wir spielten noch mit dreizehn oder vierzehn »Küssejagen« . . . Das ist ein Spiel, das Kinder eigentlich spielen, wenn sie sechs oder sieben sind.

Wir holten einfach die Art von Kindhcitszuneigung nach, die den meisten wegen der begrenzten Gelegenheiten, sich zu Hause zu treffen, gefehlt hatte. Es hatte wenig Kontakt mit anderen Kindern gegeben, wenige Möglichkeiten, Beziehungen aufzubauen, und deshalb wurde die Schule zum verspäteten Ventil, um Gefühle auszudrükken.

Die ganze Umgebung zeugte von Unreife. Es gab keinen privaten Ort, an den man gehen konnte, keinen Ort, um die eigene Sexualität zu erforschen – selbst nur, um mit jemandem Händchen zu halten. Wir hatten keine Fahrrad-

schuppen, um dahinter Zärtlichkeiten auszutauschen, und keine Türen, die wir verschließen konnten. Alles war ganz offen und geschah unter den Augen des Lehrkörpers.
Eines Abends gingen wir, Jenny, ich, Michael und mein damaliger Freund Robert, in das Schlafzimmer von jemandem und schoben von innen einen Stuhl gegen die Tür. Wir machten Musik an, schalteten das Licht aus, und kurz darauf wurde der Stuhl umgestoßen, die Tür aufgerissen, und herein stürmte eine der Hausmütter und fragte, was mit uns los sei. Dabei hielten wir nur Händchen und küßten uns.
Wir wurden ständig von den Angestellten auf diese Weise gestört. Man schimpfte uns nicht direkt aus; es war mehr das Gefühl: »Tu das nicht. Das ist nicht lieb.« Dies entmutigte uns nicht, und mehr als einmal endeten wir vor dem Direktor (oder, was schlimmer war, vor dem Schulrat).
Es gab viel zu viele Einschränkungen, aber vom Blickwinkel des Lehrkörpers gesehen, braucht, wenn man ein Internat mit vierzig Schülern führt, nur eine schwanger zu werden, und schon würde die Gesellschaft Sturm laufen.
Als wir fünfzehn waren, durften wir unbeaufsichtigt in den Park gegenüber der Schule gehen. Jenny war mannstoll, und eines Tages traf sie einen bestimmten Jungen im Park, plauderte mit ihm und lud ihn in unser Zimmer ein. Wir blieben die ganze Nacht wach und warteten auf ihn, aber sehr zu Jennys Verärgerung tauchte er nicht auf.
Wir trieben uns meistens in einer Clique herum: Jenny, ich, und eine Zeitlang Sylvia Touch. Ich kam gut mit Sylvia zurecht, weil ich sie dazu bringen konnte, das zu tun, was ich wollte. Wenn Jenny dabei war, konnte diese mich manipulieren. Je näher Jenny und ich uns waren, desto schlimmer wurde unser Ruf und desto weniger war Sylvia mit uns zusammen. Sie zog noch eine Zeitlang mit uns, doch allmählich setzte sie sich ab. Im Jahr, bevor ich vierzehn wurde, war ich mit Jenny und ihrer Familie eine Woche lang in den

Ferien in Butlin. Bald darauf verbaten mir meine Eltern, sie wieder zu besuchen, weil sie das Gefühl hatten, sie sei ein schlechter Umgang. »Sie ist meine beste Freundin. Ihr könnt mich nicht davon abhalten, sie zu sehen«, sagte ich. Vor allem Mum drohte, diese Freundschaft zu unterbinden, doch es wurde nichts daraus und blieb ohne Folgen. Ich wäre nie damit einverstanden gewesen.
Ich glaube, ich fürchtete mich ein wenig vor Jenny. Ich stellte sie auf ein Podest. Sie war so viel welterfahrener als alle anderen in der Schule. Meine Eltern sagten zu mir: »Du warst ein nettes Mädchen, bis du Jenny getroffen hast.«

Mein Klassenlehrer, Mr. Sampson, gab Religionsunterricht, und ich haßte Religion. Ich glaube, meine Enttäuschung mit der Religion stammte aus meinem kindlichen Bedürfnis, jemandem die Schuld an meiner Behinderung zu geben. Ich erklärte nicht meine Eltern für schuldig – dafür liebte ich sie zu sehr –, doch dieser »Gott« war genau der Sündenbock, nach dem ich suchte. »Es ist Gottes Schuld, daß ich behindert bin. Warum ich?« war das Gefühl, das ich hatte.
Wenn jetzt Mr. Sampson mir erzählen wollte, daß Gott jeden liebte, so entfernte mich das vollständig von der Religion. »Woher wissen Sie, daß es einen Gott gibt?« fragte ich. »Hat Gott jemals mit Ihnen gesprochen?« Mutwillig forderte ich ihn so jeden Tag heraus. Ich war sehr grob zu ihm, aber ich konnte einfach nicht stillsitzen, während dieser Mann weiter erzählte, daß Gott mich und alle behinderten Menschen liebte. Ich sagte ihm, daß das meiner Meinung nach alles Quatsch sei, und er drohte mir, mich zum Direktor zu schicken. Er ging niemals soweit, auch wenn er mich aus der Klasse warf.
Dies schrieb er über mich in ein Jahreszeugnis: »Nach einer anfänglichen Übereinkunft, daß Alison zumindest zuhören sollte, wenn wir die primitiven, islamischen und buddhisti-

schen Religionen studierten, scheint sie vernünftig zu sein und aufzupassen, und sie leistet von Zeit zu Zeit wertvolle Beiträge.«

Meine Eltern waren beide keine Kirchgänger, aber als ich ungefähr acht war, ließen sie mich und meinen Bruder in die Sonntagsschule gehen. Wahrscheinlich dachten sie, es sei ihre Pflicht als Eltern, doch wir zeigten beide keine große Begeisterung. Mum sagte, daß, wenn wir lieber nicht mehr hingehen wollten, wir dem Lehrer den Grund mitteilen sollten. Also befolgten wir ihren Rat und erklärten der Lehrerin, daß uns der Unterricht nicht gefiel und daß wir sowieso nicht an Gott glaubten. Ich weiß nicht, wie die Lehrerin darauf reagierte. Ich weiß nur, daß wir nicht mehr hingingen und sehr erleichtert waren. Es war die Kirche, in der ich später getraut wurde. Ich war froh, daß es ein anderer Pfarrer war!

Ich bin der Typ Mensch, der etwas sehen muß, bevor er es glauben und als wahr akzeptieren kann. Ich mag Beweise. Eine meiner Lieblingsredensarten ist: »Ich traf Gott, und sie war schwarz!«

Trotz meiner religiösen Zweifel war ich niemals mißgünstig, weil ich behindert bin, sondern ich bin die geborene Kämpferin. Ich erwarte auch viel von anderen: Hingabe, harte Arbeit, Treue. Ich setze mir selbst – und den Menschen in meiner Umgebung – hohe Maßstäbe, und ich werde wütend, wenn man diesen nicht genügt. Ich will immer alles besser machen, nicht nur körperlich, sondern auch geistig und emotional.

Immer ist da etwas, was mich weitertreibt.

3

»Mir ist es egal, ob ich verliere, wenn es nur ein Spiel ist!«

Während meine körperliche Energie in Sport investiert wurde, ging das meiste meiner geistigen Energie verloren, aber damals war mir das ziemlich egal. Mir ging es nur einfach verdammt gut. Es war für mich sicher ein Vorteil, weg von zu Hause zu sein, mich um mich selbst zu kümmern und mir Freunde zu suchen. Meine Jahre in Lonsdale stärkten mich und halfen mir, mir eine neue Lebensperspektive zu geben.

Ich war bei verschiedenen Schulausflügen dabei . . . Eine Woche in Matlock, Derbyshire, für den Erdkundeunterricht, wo wir alte Felsen anschauten und alte Häuser besichtigten; eine Fahrt nach Norfolk Broads und eine Woche Ponytrekking in Kent. Wir waren zu zehnt, und jeder bekam ein Pony; unsere Aufgabe bestand auch darin, die Ställe auszumisten, die Ponys aufzuzäumen, sie zu füttern und zu putzen.

Reiten ist jetzt für mich fast zur zweiten Natur geworden. Ich bekam die ersten Reitstunden, als ich zwei war, nachdem die Ärzte meinen Eltern gesagt hatten, daß es meine Muskeln stärken würde. Mein Vater kannte jemanden, der ein weißes Pony namens Petite hatte, und ich ritt es mehrere Jahre lang.

Ich brauche Hilfe, um in den Sattel zu kommen, aber wenn ich einmal oben bin, fühle ich mich frei. Ich kann galoppieren und springen, und ich bin selten heruntergefallen. Wie viele Kinder zog ich aktive Unternehmungen im Freien studienmäßigen im Haus vor. Bei Schulsportfesten war ich immer voll dabei. Man wird gemäß seiner Behinderung eingeteilt, und ich bin in Gruppe zwei. Wir mußten laufen, Fahrradfahren, Dreiradfahren, ein Rollstuhlrennen mitmachen, ein Rennen auf einem Bein, wir mußten Frisbee werfen und – darauf war ich besonders begierig – Keulen werfen. Ich war immer sehr auf Konkurrenz aus, und ich blühe dabei auf. Ich weiß, das sollte ich nicht, weil es schlecht ist, immer das Gefühl zu haben, gewinnen zu müssen, aber so bin ich eben meistens.

Ich war auch gut im Schachspielen. Dad brachte es mir bei, als ich um die elf war, und Andy lernte es auch. Ich spielte in einigen Schachwettbewerben mit und war eine Zeitlang Jugendmeisterin von Gloucestershire.

Ich war so gut wie Andy, und das in einer Weise, die uns ebenbürtig machte – weil es nichts Körperliches war. Es ist mir egal, ob ich verliere, solange ich weiß, daß es nur ein Spiel ist, aber wenn es ums Leben geht, dann wird es ernst. Dies traf zu bei den Schulsportfesten, denn ich kann nicht gut rennen. Ich hoppele dahin und hüpfe wie ein Kaninchen. Ich erinnere mich, daß ich einmal an einem schrecklichen Eierlauf teilnahm. Ich konnte nicht einmal das Ei dazu bringen, auf dem Löffel zu bleiben, ganz zu schweigen davon, damit zu laufen. Einige der anderen Mädchen waren schon fertig, als ich noch nicht einmal die Startlinie verlassen hatte, und das war für mich schwer zu ertragen. Ich war sehr erregt und weinte viel. Jemand sagte zu mir: »Mach dir nichts draus, Ally, es ist nur ein Spiel«, und es war sogar nur ein dummes Spiel.

Aber in meinem Leben kämpfe ich darum, das zu kriegen, was ich haben will. Wenn ich diesen Antrieb, diesen Impetus verlöre, könnte ich emotional nicht klarkommen, wohingegen der Eierlauf nur ein Lernprozeß war, der damals für mich von großer Bedeutung war, aber doch keine Sache um Leben und Tod.

Es ist wichtig, verlieren zu lernen, sonst wird man das Gewinnen nicht zu schätzen wissen. Ich war nie ein sehr guter Verlierer, selbst wenn es ums Schachspielen geht. Wenn ich verliere, muß ich zurückschauen und prüfen, warum ich verloren habe. Ich glaube, man muß unterscheiden zwischen einem Spiel und dem Leben. Mit dem Leben kann man nicht herumspielen, man muß es leben, denn keiner wird es einem auf einem Tablett reichen. Ich weiß, das klingt vielleicht egoistisch, aber ich glaube wirklich, daß mich das dorthin gebracht hat, wo ich heute bin. Für mich ist das Leben nur eine große Herausforderung, und der muß man sich ganz stellen. Wenn ich nicht herausgefordert werde, muß ich nicht mein Bestes geben.

Ich habe nie die Gelegenheit gehabt, irgendwelche formalen Prüfungen über mich ergehen zu lassen. Niemand hat mich je gefragt oder mir vorgeschlagen, daß ich dies oder jenes tun könnte. Es gab nie eine Wahl. Später, als ich aufs College nach Cheltenham ging, legte ich einige Prüfungen in Englisch und in Kochen ab, aber das hat, was den Beruf angeht, keine anerkannte Gültigkeit.

Als ich mich für Jobs bewerben sollte, erkannte ich, was für eine schlechte Ausbildung ich gehabt hatte und wie ungenügend ich für die Arbeitswelt vorbereitet war. Zukünftige Arbeitgeber fragten mich, welche O- und A-Stufen ich belegt hätte, und ich mußte antworten: »Keine.« Da geriet ich in Panik und fragte mich, ob mir irgend jemand jemals eine Arbeit geben würde.

In Lonsdale führten sie das Prinzip des Klassenaustausches ein: Eine Klasse mit gesunden Kindern verbrachte einen Tag in unserer Schule und nahm an unserem Unterricht teil, und an einem anderen Tag gingen wir in ihr Klassenzimmer. Dies passierte über einen Zeitraum von sechs Monaten einmal wöchentlich und war für uns ein wichtiges Mittel, um unseren Kontakt mit der Welt der Gesunden aufzufrischen, die wir verlassen hatten.

Kurz bevor ich von der Schule weggehen sollte, dachte man, daß eine Gruppe Nutzen daraus ziehen könnte, wenn sie einige Wochen lang ein College für Gesunde besuchte. Lesley (meine ehemalige Zimmergenossin), Cathy, Peter und ich wurden dafür ausgewählt. Wir mußten mit öffentlichen Verkehrsmitteln zum College fahren und an ihrem Unterricht in Werken, Metallverarbeitung und Schauspiel teilnehmen.

Das bedeutete eine Stunde Fahrt mit Zug und Bus plus einen kurzen Fußweg. Leute, die dies lesen und jeden Tag öffentliche Verkehrsmittel benutzen, finden vielleicht, daß das keine große Sache ist, aber denken Sie daran – ich war noch nie vorher mit dem Zug gefahren. Öffentliche Verkehrsmittel zu benutzen war für mich eine völlig neue Erfahrung, und ich wurde vorher fast krank vor Sorgen. Schon der Gedanke daran, eine Fahrkarte zu kaufen und sich zu fragen, ob der Schalterbeamte verstehen würde, was ich sagte, erschreckte mich sehr.

Im College selbst bestand eines der Hauptrisiken in der Anzahl der Schritte, die ich zu meistern hatte – es waren sehr viele. Mehrmals wurde ich gestoßen und geschoben.

Im Speisesaal mußten wir mit den anderen Studenten für unser Mittagessen Schlange stehen, und ich war gezwungen, einen Studenten zu bitten, mein Tablett zu meinem Tisch zu tragen. Um Hilfe zu bitten ist nicht leicht, wenn man erst ungefähr fünfzehn ist, obwohl die anderen ganz zwanglos und hilfsbereit waren. Ich selbst war es, die sich so sehr unter Druck setzte, daß ich zögerte, sie zu bitten.

Am Ende der vierzehn Tage wollte ich bleiben. Mein Selbstvertrauen war gestiegen, nachdem ich mich in dieser Umgebung von Gesunden aufgehalten hatte, und ich hatte das Gefühl einer Riesenerleichterung und einer großen Leistung. Ich hatte es geschafft, ich hatte überlebt!

Da ich selten öffentliche Verkehrsmittel benutzte und noch zu jung zum Autofahren war, mußte ich mich auf andere

Menschen verlassen – meistens meinen Vater und meine Mutter –, um mich fortzubewegen. Jenny und ich wohnten gerne bei der jeweils anderen (sie wohnte in King's Langley, fünf Meilen weit entfernt), aber wir waren immer davon abhängig, daß unsere Eltern uns abholten. Es ist so scheußlich, wenn man sich von den Eltern irgendwohin fahren lassen muß. Es schränkt das, was man tun will und wohin man gehen will, ein.
Wenn unsere Eltern uns nicht fahren konnten, wurde ich manchmal ganz schön eklig. Wenn ich wollte, konnte ich zickig sein, schmollen und mich tagelang weigern, mit jemandem zu reden. Mein Vater achtete dann nicht auf mich und sagte: »Laß sie doch«, oder er ging auf mich los, obwohl ich sicher bin, daß ich nie so heftig (und so oft) eine geklebt bekam wie Andy.
Meine Behinderung enthemmte mich. Wenn wir beide unartig gewesen waren, sagte Dad: »Gut, ich zähle bis drei, und ihr seid oben . . .« Natürlich konnte Andy viel schneller auf sein Zimmer gehen als ich, aber um mir zu helfen, dehnte Dad die Zählphase aus: »Eins, eineinhalb . . .« und so weiter. Oft bekamen wir auf unseren Popos seine Latschen zu spüren: Hosen runter, übers Knie und klatsch! Er mochte es nicht, wenn wir frech wurden oder uns stritten, aber man mußte ihn schon sehr in die Enge treiben, bevor er uns den Hintern versohlte. Meistens entschied er sich für eine strenge Predigt. Einmal, als Dad und ich uns stritten, schrie ich ihn an: »Ich werde mich auflehnen!«, und er wurde sauer: »Sag so was nie wieder zu mir!«
Meine Mutter verstand es besser, mich zu beruhigen, wenn ich mich aufregte, obwohl sie manchmal Andy und mich mit der verhüllten Drohung aufs Zimmer schickte: »Wartet nur, bis euer Vater heimkommt.«
Als meine Mutter Tagesmutter wurde, fand ich oft, wenn ich heimkam, das Haus voller Kinder vor. Es gab drei »Stammgäste«: zwei Brüder und eine Schwester, Christo-

pher, David und Sally Westlake. Ihre Eltern waren Lehrer und holten sie auf dem Nachhauseweg ab.
Ich haßte das Gefühl, daß meine Mum all ihre Aufmerksamkeit ihnen und nicht mir schenkte. Sie schien auch ständig zu bügeln. Ich haßte es, diese Kinder im Haus meiner Mum zu wissen, wenn ich gerade aus dem Schulbus gestiegen war. Als ich schließlich ins Internat ging, waren sie auch Freitag abends noch da, wenn ich nach Hause kam.
Ich sagte dann zu ihnen: »Warum geht ihr nicht fort und laßt uns allein?« Ich erinnere mich, daß ich ziemlich sauer auf Andy wurde, weil er mir sagte, daß er sie nicht mochte, aber wenn ich dann heimkam, am Freitag, doch draußen war und mit ihnen spielte. Sie waren immer sehr nett zu mir, und schließlich hörte ich auf, ein Spielverderber zu sein, und spielte mit.
Kinder zu betreuen war für Mum in zweifacher Hinsicht positiv: Es war eine weitere Einkommensquelle und gleichzeitig ein Job, der ihr erlaubte, zu Hause zu sein, wenn Andy und ich aus der Schule kamen.

Jenny verließ Lonsdale ein Jahr nach mir, und wir verloren uns bald aus den Augen. Traurigerweise war ihre Krankheit so weit fortgeschritten, daß sie am Ende ihrer Schulzeit kaum mehr laufen konnte und sich an mir festhalten mußte. Als ich hinfuhr, um sie nach meinem Weggang zu besuchen, war sie im Rollstuhl, und ich erkannte, wie schlecht es ihr ging.
Ich denke, es muß furchtbar sein, eine Krankheit zu haben, die »fortschreitet«, sie zu bekommen und nicht mit ihr geboren zu sein. Die gesunde Jenny mußte lernen, sich an ihre Behinderung zu gewöhnen. Ich, Alison, war mit meiner Behinderung zur Welt gekommen, ich war daran gewöhnt.
Ein Gutes an CP ist, daß sie besser wird. Ich weiß nicht, ob ich in dieser Hinsicht meine Grenze erreicht habe. Ich bin

mir meines Sprechens sehr bewußt, wenn ich mit Menschen zusammen bin. Viel reden finde ich äußerst ermüdend, weil ich mich so konzentrieren muß, daß andere mich verstehen. Es ist seltsam, aber wenn ich draußen gehe, bemerke ich nicht, daß ich hinke oder daß mein linkes Bein ausschert. Ich denke einfach nicht darüber nach, wie ich gehe, und erinnere mich erst daran, daß ich behindert bin, wenn ich mich zufällig in einem Schaufenster sehe. Jedesmal bin ich wieder verblüfft. Gehe ich wirklich so? frage ich mich. Ich habe keine Schmerzen, aber meine Knie tun weh, und ich beanspruche meine Gelenke mehr als andere Leute, weil ich nicht richtig gehe.

In Lonsdale gab es nur eine halbe Stunde Physiotherapie in der Woche, aber ich mußte einzeln mit meinen Händen arbeiten, vor allem mit meiner linken Hand: ich mußte die Finger bewegen und strecken. Ich habe in den Fingerspitzen wenig Gefühl, und um Dinge aufzuheben, muß ich zuerst hinschauen. Ich kann kein Papier aufheben, ohne es zu zerknüllen. Ich kann nicht leserlich schreiben, also tippe ich auf einem Textverarbeitungsgerät, obwohl selbst das manchmal sehr langsam geht, aber es ist die einzige brauchbare Möglichkeit, mich auf Papier auszudrücken.

Wenn ich entspannt bin, wackle ich gar nicht, aber wenn ich mich in einer ungewohnten Situation befinde, spielt mein Nervensystem verrückt, und ich kann mich nicht beherrschen. Ich kann meine Koordinationsfähigkeit besser kontrollieren, seit ich etwas über Atmen, Willenskraft und positives Denken weiß – wie man sich positiv darstellt: Dies lernte ich in einem YMCA-College-Kurs in Gemeindearbeit mit Jugendlichen, den ich 1985 begann.

Ich machte Joga, um meine Atmung zu kontrollieren, aber es half mir nicht so, wie ich es mir gewünscht hätte. An einem schlechten Tag kann meine Atmung fast versagen, und ich verspanne mich innerlich, aber diese Tage sind heute weniger häufig als früher.

Es klingt dumm, aber ich kann Stille nicht ertragen. Es beeinflußt meine Atmung. Wenn ich allein an einem ruhigen Ort in der Öffentlichkeit bin, kann ich mit Sicherheit davon ausgehen, daß meine Atmung verrückt spielt. Ich werde mir anderer Leute zu stark bewußt und stelle mir vor, daß alle mich nach Atem ringen hören.
Ich muß einen bestimmten Lärmpegel um mich haben, und ich könnte nicht ohne Musik sein. Musik ist ein Ventil für meine Wut und Enttäuschung. Sie hilft mir, mich zu entspannen und loszulassen. Ich wollte immer Gitarre spielen, als ich klein war, doch ich konnte das verdammte Ding nicht halten und meine Finger nicht mit der nötigen Leichtigkeit bewegen. Ich tanze und springe gerne herum. In meinem Auto habe ich einen Kassettenrecorder, und wenn ich allein bin, stelle ich die Musik laut und singe mit. Glücklicherweise kann mich keiner hören oder mir sagen, daß ich ruhig sein soll – denn ich habe eine furchtbare Stimme. Ich mag Musik, die zu meiner Stimmung paßt: wütend, locker, romantisch – alles von Lionel Ritchie bis Meatloaf.
Ich liebe Tiere sehr. Es ist mein Traum, einen kleinen Bauernhof mit Schweinen und Kühen zu haben oder ein Landhaus mit eigenen Hundezwingern. Aber ich mag Menschen genauso, und deshalb habe ich mir die Jugendarbeit zum Beruf gewählt. Dies schafft ein Gleichgewicht zwischen dem Kontakt mit jungen Leuten und der Zeit, die ich mit meinen Hunden, Dottie und Megan, und meiner Katze, Mabel Lucy, verbringe.

Wenn ich medizinische Behandlung brauche – wenn meine Zähne eine Füllung nötig haben, meine Ohren durchgepustet werden müssen und so weiter –, muß ich immer gespritzt werden, obwohl das Risiko besteht, daß ich durch die Narkose ein Trauma erleide. Also muß ich Valium bekommen. Doch es geht nicht nur um die Folgen der Narkose; ich befinde mich dann auch in einer ungewohnten Situation und kann mich nicht so bequem hinsetzen, daß ich meinen Körper beherrsche, während ich rede. Normalerweise schlage ich die Beine übereinander, wenn ich rede, und ich habe gern die Hände frei, um zu gestikulieren und mich auszudrücken. All das habe ich mir selbst beigebracht. Deshalb gerate ich völlig aus dem Gleichgewicht, wenn ich nicht die richtige Position finde. Mein Körper ist verrückt: Selbst ich verstehe ihn manchmal nicht!

Nach einer Blinddarmoperation 1988 war ich eine Woche lang auf zwanzig Milligramm Valium täglich. Selbst da hatte ich noch Probleme mit meiner Atmung und zitterte weiter. Als ich um die sechzehn war, verletzte ich mich am linken Knie, was mich sechs Wochen lang außer Gefecht setzte. Ich konnte nicht reden oder sonst irgendwas tun, sondern nur flach in meinem Krankenbett liegen. Ich hatte Hockey gespielt und war unglücklich gefallen, wobei ich mir das Knie ausgerenkt hatte. Nie zuvor hatte ich solche Schmerzen gehabt, doch man wollte mich nicht operieren, sondern ich bekam einen Gips. Es heilte etwas, aber nicht ganz, und ich mußte später doch noch operiert werden.

Wenn ich mich erkälte, schlaffe ich ab. Die Erkältung nimmt mir jede Kraft und beeinträchtigt meine Koordinationsfähigkeit, mein Gleichgewicht, meine Sprache, alles. Dann werde ich wirklich behindert.

Mein Mut verläßt mich. Ich werde sehr schnell müde und muß darauf achten. Ich finde es schwierig, kitzlige Aufgaben zu erledigen, wie Faden einfädeln, Knöpfe zumachen oder heiße und schwere Dinge tragen. Die meisten Leute springen, wenn sie mich das erste Mal sehen, auf und sagen: »Ich mache das.« Es ist schwer für sie, zu beurteilen, was ich kann und was nicht, und wahrscheinlich bleiben sie nicht gerne ruhig sitzen und sehen mich kämpfen.

Deshalb werde ich nicht gerne wacklig in Gegenwart anderer Leute. Sie werden verlegen und bieten Hilfe nur an, weil sie einen lieben und sich um einen sorgen. Was andere glauben, daß ich schwierig finde – wie zum Beispiel Tee zu kochen –, ist für mich nicht schwierig, weil ich es gar nicht anders kenne.
Ich habe gelernt zu fragen, wenn ich Hilfe will. Früher wäre es mir nicht im Traum eingefallen, jemanden zu bitten. Ich wäre eher gegangen, als um Hilfe nachzusuchen, was dumm ist. Ich nehme an, ich war zu stolz . . .
Es gibt trotzdem einige Menschen, die ich nicht bitten würde. In mir tobt ein ständiger Kampf. Sobald ich jemanden kenne und mich wohl bei ihm fühle, ist es nicht so schlimm. Vielleicht kennt er nicht meine körperliche Eingeschränktheit, aber er kennt mich als Menschen, und das ist ein großer Unterschied.
Ich kann jetzt die meisten Dinge tun und bin im allgemeinen recht selbstbewußt, obwohl es Zeiten gibt, da fühle ich mich verletzlich. Wenn ich einkaufen gehe, so ist es für mich ein Problem, das Geld aus meiner Geldbörse zu holen. Und wenn ich nach Kleidern suche, gehe ich lieber in Läden, in denen ich etwas kaufen, es mit heimnehmen und in Ruhe anprobieren kann. Mich in Kabinen an- und auszuziehen dauert Stunden.
Ich lasse mich in Schlangen nicht anrempeln. Wenn jemand ungeduldig ist, brauche ich sogar noch länger. Ich erinnere mich an einmal, als ich in der Bank war und ein Mann genau hinter mir stand und mir buchstäblich in den Nacken atmete. Ich drehte mich um und fragte: »Haben Sie etwas dagegen?« Das erschreckte ihn. Ich glaube nicht, daß ihm klar war, daß ich behindert bin.
Ich spreche nicht gern in großen Gruppen oder rede am Telefon mit Leuten, die ich nicht kenne (manche Leute legen auf, wenn sie mich hören); ich benutze auch nicht gerne öffentliche Verkehrsmittel. Ein Mensch in einem Rollstuhl

kann nicht einfach jederzeit auf einen Bahnhof rollen. Sie müssen im voraus reservieren, und dann reisen sie meistens im Güterwagen.

Ich nehme lieber keine Busse wegen der Stufen, und sowieso ist der Fahrer meistens auf und davon, wenn ich den Gang entlangstolpere.

In gewisser Weise glaube ich, daß ich mich zu sehr dränge, aber ich habe immer das Gefühl, ich könnte noch besser sein. Warum kann ich an einem Tag etwas tun und am nächsten Tag aus unerfindlichen Gründen nicht?

Ich hasse den Gedanken ans Altwerden, da Altwerden zu heißen scheint, daß es schlimmer wird. Man wird langsamer, man wird vielleicht ein wenig wunderlich. Ob in meinem Fall all dies etwa schneller eintrifft, bleibt abzuwarten.

Ich habe Angst, mich zu sehr auf andere Leute zu verlassen, denn vielleicht wache ich eines Tages auf, und sie sind weg. Das ist meine tiefste Furcht: aufzuwachen und zu entdekken, daß alle, die mir nahestanden, mich verlassen haben und daß ich mein Leben ganz von vorne anfangen muß.

4

Wieder weiter

Als ich die Lonsdale-Schule im Juli 1979 verließ, war ich mehr als bereit, weiterzugehen. Ich hatte das Gefühl, daß ich aus der Schule herausgewachsen war, und ließ diese Phase meines Lebens für immer hinter mir. Ich trauere der Vergangenheit nicht nach. Ich schaue gerne immer nach vorne. Ich hatte bereits einen Platz im National Star Centre College für behinderte Jugendliche in Cheltenham bekommen. Das ist ein College mit Internat und höherer Schulbildung für junge Leute mit verschiedenen Behinderungen von CP bis Spina bifida und Blindheit. Das Hauptziel besteht darin, den Studenten Unabhängigkeit beizubringen und sie für ein Leben außerhalb des College vorzubereiten – ihnen »zu helfen, für ihre Zukunft in bezug auf Wohnen, Arbeit und Gefühle der Selbstachtung zu planen« (wie die offizielle Reklame es ausdrückt). Ich kann mich noch genau an den Tag meines Vorstellungsgesprächs erinnern. Es war im Januar, und es schneite heftig, und meine Eltern und ich fuhren zwei Stunden von Watford nach Cheltenham. Das College liegt auf einem Hügel außerhalb der Stadt, ungefähr eine halbe Meile Fußweg vom Air Balloon Pub, der später meine Stammkneipe wurde.

Wir kamen am späten Morgen an, völlig erfroren, und das erste, was Mum und ich wollten, war aufs Klo zu gehen. Ich fand eine Toilette ohne Tür, nur mit einem Vorhang, den man vorzog. Für mich war das ein vertrauter Anblick aus meinen beiden Schulen, aber meine Mutter war schokkiert, da sie selbst Zeugin eines so grundlegenden Mangels an Intimsphäre wurde. Zuerst trafen wir den Direktor,

Mr. Fields, der mit uns kurz über das College und seinen Hintergrund sprach. Dann wurde ich von einem Jungen im Rollstuhl im Gebäude herumgeführt und sah die verschiedenen Räume und Bereiche mit den Schlafräumen, dem Schwimmbad und der Turnhalle. Ich war ziemlich beeindruckt.

Darauf ging ich zum Deputy Head, der mich ungefähr eine halbe Stunde in Mathematik und Englisch prüfte (die Hauptfächer im Lehrplan). Danach mußte ich zum Sprachtherapeuten, der mit mir über meine Hobbys und meine Gründe plauderte, auf dieses College zu wollen. Sie mußten beweisen, daß sie einem etwas Wertvolles zu bieten hatten, und nahmen einen erst dann auf, wenn sie das Gefühl hatten, daß sie einem wirklich helfen konnten. Für mich war dieses College damals einfach eine weitere Institution, etwas, wo ich die nächsten Jahre befreit von Verantwortung zubringen konnte. Schließlich betraten wir alle das Hauptgebäude, eine große Halle, wo sich die Studenten trafen und ihre Kaffeepause verbringen konnten. Der Anblick von so vielen schwerbehinderten Menschen an einem Ort schockierte mich. Ungefähr fünfundsiebzig Prozent waren im Rollstuhl. Die meisten Jungen schienen Bärte und Ohrringe zu tragen; manche rauchten Zigaretten, andere küßten Mädchen und schmusten. Meine erste Reaktion war: »O nein . . . Hier kann ich doch nicht hinkommen.« Sie kamen mir alle so viel älter als ich vor. Es war, als müßte ich einen Riesensprung tun. Bisher war ich nur gewöhnt gewesen, mit behinderten Menschen meines Alters oder jüngeren Leuten zusammenzusein. Ich hatte mich in meiner alten Schule sehr sicher gefühlt. Nun war ich hier, in einer Welt voller erwachsener Fremder, in einem völlig neuen College, in dem ich keinen kannte. Ich fühlte mich plötzlich kindlich, unschuldig, verletzbar. Man hatte mich von meinen Kameraden getrennt, ich war weit weg von zu Hause und von allem, was mir vertraut war.

Ich glaube, meine Eltern waren genauso erregt, so viele schwerbehinderte junge Leute zu sehen. Ich weiß, es klingt schrecklich, das zu sagen, aber abgesehen davon, daß sie mir leid taten, war ich auch ganz schockiert, wenn ich daran dachte, daß ich mit ihnen leben müßte.

Ich bewarb mich noch an einem anderen College, dem Portland College in Coventry, doch es war weniger auf »Lebensfähigkeit« orientiert, und ich spürte, es war für meine Bedürfnisse nicht flexibel genug, zu rigide organisiert.

Als ich das Bewilligungsschreiben vom National Star Centre College erhielt, war ich nicht sicher, ob ich glücklich sein sollte, traurig oder sonstwas. Teilweise war der Grund dafür meine Angst vor dem Unbekannten. Ich war auch nervös, weil ich für so lange Zeit von zu Hause weg mußte, und in den Wochen davor verbrachte ich viel Zeit damit, daß ich allein in meinem Zimmer weinte. Eines Abends war ich besonders erregt, und Mum kam hoch, um herauszubekommen, was los war. Ich brach in Tränen aus und vertraute ihr meine Sorgen an. Wie immer in unserer Familie, waren die Gefühle zu lange aufgestaut worden, und ich entdeckte, daß Mum, ohne daß ich es wußte, auch über meine bevorstehende Abreise geweint hatte. Dann kam Dad zu uns, und wir drei saßen in meinem Zimmer und schütteten unsere Herzen aus; wir wollten nicht, daß ich ginge, wußten jedoch, daß es auf lange Sicht meinen Interessen am besten dienen würde. Dad schlug vor, daß ich ein Schuljahr dortbleiben sollte, und wenn ich dann nicht glücklich sei, könnte ich gerne wieder gehen.

Mein erstes Jahr in Cheltenham war hart für mich, und ich litt wieder einmal an Heimweh. Da ich die jüngste Studentin war, wurde ich viel gehänselt. Ich wurde eine Art Zielscheibe für die weniger begabten männlichen Studenten. Ich weiß nicht, ob sie neidisch auf mich waren . . . doch es war gerade in, mit jemandem auszugehen, der weniger behindert war als man selbst, und deshalb wurde ich oft von

Jungen eingeladen, die mich nur ein- oder zweimal gesehen hatten. Manche hatten sogar nie zuvor mit mir gesprochen. Da gab es vor allem einen Jungen. Ich wußte nicht einmal seinen Namen. Er überging das erste Kennenlernstadium und fragte mich direkt: »Willst du mit mir ausgehen?« Ich sagte nur: »Nein, tut mir leid, Kumpel. Ich kenne dich nicht.« Ein anderer Junge, Mark, wollte ein paarmal mit mir ausgehen. Er hatte CP, aber schlimmer als ich. Es war nur eine beiläufige Freundschaft, und wir trafen uns in der Gruppe im Pub. Es herrschte eine sehr freie und lockere Stimmung am National Star Centre College. Die Studenten konnten miteinander recht offene Beziehungen haben, obwohl Jungen im Schlafraum nicht erlaubt waren, eine der Regeln, die ziemlich oft gebrochen wurden. Einem Teil des Aufsichtspersonals machte es nichts aus, einem anderen jedoch schon. In dieser Phase meines Lebens war ich, was meine Art, mich zu kleiden und zu reden, anging, recht männlich, und war noch nicht bereit zu einer »festen« Beziehung.

Am Ende meines ersten Jahres begann ich mich einzuleben und mich zu entspannen. Am Anfang wohnte ich im Hauptgebäude, aber später in meinem ersten Jahr zog ich in das zweistöckige Lake House. Mein Zimmer war im ersten (oberen) Stockwerk, weil ich, im Gegensatz zu den anderen, die Treppen bewältigen konnte.

Die Freiheit, die das College bot, war wunderbar. Es gab kaum Physiotherapie, und man hatte mehr Zeit für Schwimmen, Reiten und Korbball ... und am Wochenende ging man in die Disco.

Das College stand auf einem riesigen, anmutig gestalteten Gelände mit Feldern und einem Achtzehn-Loch-Golfplatz. Der Hauptanziehungspunkt war ein großes Landhaus, wo die Verwaltung, die Unterrichtsräume und einige Wohnräume untergebracht waren.

Daneben stand ein neuer Block, in dem die stärker behinderten Studenten lebten. Die gesünderen weiblichen Studenten wohnten einige hundert Yards weiter den Hügel hinunter, in den Bungalows, die man die Kennels nannte. Einige der Gesünderen lebten auch im Lake House, einem kleinen Haus auf dem Gelände, das früher einmal dem Direktor gehört hatte. Ich war fasziniert von dem merkwürdigen Gegensatz, daß die gesunden Menschen unten in Cheltenham lebten und die Behinderten isoliert oben auf dem Hügel hockten, weit weg von den Läden und dem Stadtleben.

Ich studierte nicht nur die Hauptfächer wie Englisch und Mathematik, sondern auch Geschichte, Naturwissenschaften und Schauspiel. (Ich spielte die Waschfrau in *Toad of Toad Hall.*)

Unter dem Pflegepersonal war eine Frau namens Ollie, die der unverschämteste Mensch war, den ich jemals kennengelernt habe. Sie muß um die Zwanzig gewesen sein und war über einen Meter achtzig groß. Ollie wurde meine Ersatzmutter, und alle kamen mit ihren Problemen zu ihr. Sie war eine erfahrene Frau. Man konnte sie nach allem fragen, was man über das Leben wissen wollte, sie erzählte alles frei heraus. Ollie war es, die mich durch mein erstes Jahr in Cheltenham durchboxte. Ihre Aufgabe war, sich um die stärker behinderten Studenten zu kümmern: sie baden, auf die Toilette setzen, anziehen und füttern. Ich brauchte das alles nicht, entwickelte aber doch eine starke Bindung zu ihr. Ich hatte Glück, daß ich gut Freund mit den meisten Lehrern und dem Personal in meinen Schulen und Colleges war.

Im zweiten Jahr begann sich für mich alles radikal zu ändern, als ich nämlich mit The Pack anfing. Dies war ein Projekt, das von der Manpower Services Commission gesponsert wurde und sechs behinderte junge Leute umfaßte, die speziell in Colleges in ganz England ausgebildet worden waren. Es sollte aufzeigen, wie sie mit ihrer Behinderung fertig wurden und was sie von ihrem Leben erwarteten.

Es hieß: »Wen starren Sie an?« Im wesentlichen umfaßte es ein langes Interview mit mir, das eine junge Journalistin namens Rita von Tonbandaufnahmen übertrug, dazu kamen Fotos, die ihr Mann schoß. Sie folgten mir sieben Tage lang überallhin, und das Endergebnis wurde verpackt und als Erziehungshilfe an Schulen und Colleges verteilt.

Ich war die einzige Studentin an meinem College, die ausgewählt wurde. Die Spastiker-Gesellschaft schlug mich als jemanden vor, den sie als direkt und rebellisch kannten und deshalb als (so nehme ich an) »gutes Objekt« einschätzten.

The Pack war ein Markstein in meinem Leben, ein Zeichen, daß jemand echt interessiert an mir als Mensch war und begierig, etwas über meine Welt zu wissen. Bis dahin hatte ich mich wirklich *behindert* gefühlt: Dieses negative Klischee hatte mich geprägt. Ich hatte das Gefühl, wenig erreicht zu haben und niemandem etwas bieten zu können. Die meiste Energie hatte ich dafür aufgebracht, daß ich mich von Institution zu Institution schleppte, und ich fühlte mich zurückgewiesen. Ich *mochte* mich nicht.

So viel wurde geschrieben und geredet darüber, wie Frauen aussehen sollen: über ihr Idealgewicht, ihre Figur, Haarfarbe, Lippenstiftfarbe. Immer wenn ich die Titelseite eines Hochglanzmagazins betrachte – mit einem jener zauberhaften Modelle mit perlweißen Zähnen, vollkommener Frisur – denke ich: Wenn ich nur so aussehen könnte. Aber dann sage ich mir: Ich wette, sie hat kein Hirn, ich wette, sie ist ziemlich blöd. Sie hat nur ihr Gesicht zu bieten.

Als ich jünger war und diese perfekten Wesen ansah, die in Kleider Größe 34 und 36 schlüpfen, dachte ich immer: Mein Gott, und wer wird *mich* anschauen? Mein Selbstwertgefühl war keinen Pfifferling wert. Für einen Teenager,

der versucht, sich an Madonna zu orientieren, muß es recht seelenzerfetzend sein, aber wenn man körperbehindert ist, ist da noch etwas Körperliches, um das man sich zusätzlich sorgt – daß man vielleicht nicht richtig reden und laufen kann wie diese perfekten Dinger, die wir in den Zeitschriften sehen. Manche Magazine zeigen einem, wie man Make-up aufträgt – wie man einen makellosen Teint bekommt –, aber ich konnte das nie tun. Es ist ein Bild, von dem die Gesellschaft will, daß Frauen ihm nacheifern, aber ich weiß wirklich nicht, warum, denn die Zahl der Menschen, die tatsächlich so aussehen, ist winzig. Aber als Teenager ist man leicht zu beeindrucken, und alle scheinen so auszusehen außer einem selbst! Ich möchte mehr behinderte Menschen in Fernsehspielen oder beim Verlassen der Nachrichten sehen. Ich glaube, sie müssen in positiver Weise und nicht nur als Behinderte abgebildet werden.
Mein eigenes Gesicht und meine Figur haben keine Ähnlichkeit mit den glänzenden Titelseiten. Die Modelle auf den Titelseiten waren nie mein Vorbild. Ich war immer dicklich mit gelbem, strohigem Haar . . . aber als ich sechzehn war, wünschte ich mir sehnlichst eine Dauerwelle im Afro-Look, weil sie damals große Mode war. Ich brauchte ewig, um meine Mum zu überzeugen, daß eine Dauerwelle das richtige für mich sei. Meine Friseuse in Watford schneidet mir seit langem mein Haar, und ich gehe immer noch zu ihr. Sie hilft mir, mich entspannt zu fühlen, und je mehr ich mich entspanne, desto weniger schwanke ich.
Ich begann eine positivere Haltung mir selbst gegenüber einzunehmen, als ich Chris, meinen ersten Freund, kennenlernte. Zwei vom Pflegepersonal, Belinda und Geoff, waren gute Freunde von mir und hatten eine Beziehung. Chris war ein Freund von Geoff aus Liverpool. Ein typischer Liverpooler mit starkem Akzent; er war ungefähr so groß wie ich, untersetzt mit braunen Augen und halblangem Haar, das er orange färbte. Er scherzte ständig, war aber auch sensibel.

Als wir uns das erste Mal begegneten, war ich siebzehn und er einundzwanzig. Er nahm alle möglichen Jobs an: ein bißchen Renovieren hier, ein bißchen Gartenarbeit dort. Er fand es schwer, sich lange Zeit für einen Job zu entscheiden, aber das beunruhigte mich nicht. Einen richtigen Freund zu haben, jemanden, der mich als Person mochte, ließ mich wie im siebten Himmel fühlen! Chris war ein erfahrener Mann, der gerne in Restaurants, Pubs und ins Kino ging, Dinge, die für mich noch relativ neu waren. Dies bedeutete endgültige Fortschritte in meinem Ansehen und wirkte Wunder für mein Selbstwertgefühl.

Er war der erste gesunde Junge, der mir Aufmerksamkeit als Mensch schenkte, der mich aus der Umgebung des College herausholte und unberührt von meiner Behinderung zu sein schien. Das machte es zu etwas Besonderem ... und anders als die Jungen im College, hatte er sich die Mühe gemacht, mit mir zu reden und meine Interessen herauszufinden, bevor er mich einlud. Wir trafen uns zu zweit, aber auch in der Gruppe mit anderen.

Der Air Balloon Pub lag eine halbe Meile entfernt, quer über die Felder. Ich gehörte zu einer Vierergruppe, die zu Stammgästen dort wurden: Jackie, Geoff, Chris, ich (Belinda kam später dazu: Sie gehörte noch nicht zum Personal, als ich nach Cheltenham kam). Die einzige im Rollstuhl war Jackie Fletcher. Wir nannten sie Fletcher (mich nannten alle Frenchie). Sie konnte nicht laufen, redete aber ohne Unterbrechung. Es gab zwei verschiedene Wege zum Pub: den langen Weg, wenn man der Straße folgte, der ungefähr eineinhalb Meilen lang war; und eine Abkürzung über die Felder. Es ist eine Kunst, einen Rollstuhl über Felder zu bugsieren, vor allem wenn sie matschig sind. Wir hoben Fletcher aus ihrem Rollstuhl und trugen sie.

Der Rückweg war schneller, da es die ganze Zeit bergab ging; und wir waren alle betrunken, so daß wir im wahrsten Sinne des Wortes heimrollten. Wenn wir in Lake House ausgesperrt worden waren, konnten wir immer noch an ein Fenster klopfen, und man ließ uns ein.

In den Sommerferien 1980, am Ende meines ersten Jahres, flog ich für vier Wochen nach Kanada zu Tante Eileen und Onkel Evan aus Edmonton. Sie hatten bei uns in Watford Urlaub gemacht und fragten mich, ob ich sie gerne auch besuchen wollte. Ich sagte: »Ja, bitte«, dachte aber, daß nichts daraus werden würde – ich war an Enttäuschungen gewöhnt ... aber es trat tatsächlich ein.

Es war wirklich eine Erfahrung für mich, den ganzen Weg allein zu reisen. Ich war noch nicht ganz siebzehn und mehr aufgeregt als nervös. Die Stewardessen und die Crew waren wunderbar und kümmerten sich wirklich gut um mich.

Ich wohnte auch bei Tante Vera in Edmonton (Dads Schwester), Onkel Alan und meiner Cousine Denise, die zwei Jahre jünger ist als ich. Beide Familien wechselten sich ab und fuhren mich umher, und wir reisten nach Alberta und in die Rockys. Ich bemerkte in Kanada eine größere Bewußtheit, was Behindertsein im allgemeinen und den Zugang zu öffentlichen Gebäuden angeht.

Der einzige negative Punkt war das Klima. Es war viel zu heiß für mich, mit Temperaturen über vierzig Grad. Ich kann zuviel Hitze nicht ertragen.

Ich hätte meinen Bruder gerne dabeigehabt – es hätte ihm gefallen. Er ist eher weniger abenteuerlustig als ich, obwohl er drei Monate in Frankreich in einem Sommerlager mit Freunden verbracht hat und jede Arbeit aufgenommen hat, die er finden konnte: Weinernte, Orangenernte, Tellerwaschen in Hotels ... 1980 war auch das Jahr, in dem ich in den Royal Mews ritt. Ich traf dort Prinzessin Anne während eines Turniers, das von der Vereinigung für reitende Behinderte veranstaltet wurde. Sie ist die Präsidentin, und ich wurde ausgewählt, daran teilzunehmen,

ich war die einzige aus meinem College. Ungefähr zweihundert Behinderte aus ganz England waren da.
Den ganzen Tag gab es zahlreiche Wettbewerbe und Vorführungen, und ich wählte Dressur. Man mußte warten, bis man aufgerufen wurde, durfte sich aber in den Ställen umsehen, die aus Stein waren. Ställe und Pferde waren tadellos. Am Nachmittag kam Prinzessin Anne und begrüßte uns; sie überreichte den Gewinnern Zierrosen. Ich war nicht sehr gut, aber, wie meine Mutter sagen würde, mitmachen ist alles.

Als ich zu meinem zweiten Jahr zurückkehrte, zog ich aus dem College aus und ins YWCA ein, um unabhängiger zu sein. Ich teilte mein Zimmer mit zwei anderen Mädchen aus dem College: Linda und Katherine. Wir wurden am Morgen mit dem Bus abgeholt und nach dem Tee zurückgebracht, und wir mußten unsere Einkäufe, unser Kochen selbst organisieren und ganz allgemein allein zurechtkommen.
Es war sehr viel leichter, mit Chris eine Beziehung zu haben, als ich weg vom College war. Belinda und Geoff hatten ihre eigene Wohnung in Cheltenham, wo Chris und ich uns trafen, vor allem an den Wochenenden. Ich schlief auf Geoffs Sofa und Chris im Gästezimmer. Näher kamen wir uns nicht. Ich war immer noch nicht bereit für eine richtige sexuelle Beziehung, und Chris übte in dieser Hinsicht keinen Druck aus. Männer haben meine Behinderung nie ausgenützt. Ich hielt alle Schranken aufrecht. Ich schützte mich auf meine Weise sehr und war immer die Art Frau, die Jungen auf Distanz hielt und sie nicht ermutigte.
Wir vier waren eng befreundet und gingen im allgemeinen abends zusammen aus, aber manchmal entwischte ich tagsüber dem College und sah Chris allein. Es war wichtig, auf gutem Fuß mit den Busfahrern zu stehen. Wenn man gut mit denen zurechtkam, die die Stadtfahrten machten (vom

College nach Cheltenham), ließen sie einen heraus, ohne es jemandem zu sagen.

Manchmal ermutigte ich Jackie Fletcher, mit mir in die Stadt zu kommen und Chris zu treffen. Wir hatten große Mühe, sie aus dem Rollstuhl zu heben und in den Bus zu hieven, gefolgt von ihrem Rollstuhl.

Jackie und ich wurden gute Freunde. Es war schade, daß sie nicht auch im YWCA wohnen konnte, auch wenn wir uns fast jeden Tag sahen – entweder in Kursen oder wenn wir aus dem College entwischten und nach Cheltenham fuhren. Ich nehme an, in gewisser Weise ersetzte sie Jenny, mit dem Unterschied, daß diesmal ich die Führerin, die Böse war.

Eine andere Freundin von mir, Louise, hatte künstliche Beine. Ich kann mich erinnern, daß ich eines Abends mit ihr ausging. Bald nachdem wir zum Pub kamen, sagte sie: »Alison, ich muß meine Beine abnehmen. Sie bringen mich um.« Sie scheuerten und rieben sie, und deshalb gingen wir auf die Toilette, und ich half ihr, sie abzunehmen.

Ich verließ die Toilette mit den zwei Metallbeinen unter dem Arm, und hinter mir kam Louise auf ihrem Hintern angerutscht. Köpfe wandten sich uns zu . . . Wir müssen so komisch ausgesehen haben, ich hielt ein Paar Beine, und Louise auf dem Hintern auf dem Boden. Mit etwas Hilfe hob ich sie hoch und setzte sie auf einen Stuhl. Die Gesichter der Leute waren göttlich anzusehen.

Ich habe einen übersteigerten, etwas krankhaften Sinn für Humor. Ich lache nicht über dreckige Witze oder Situationskomik im Fernsehen. Das Leben bringt mich zum Lachen – die Art, wie Leute sitzen oder nach Dingen fragen, die Art, wie sie mich ansehen oder mit mir reden. Wenn ich Leute kennenlerne, sind sie meistens nervöser als ich, und ich weiß, ich kann entscheiden, ob sie sich angenehm oder unbehaglich fühlen, wie ich es eben will, und wenn man diese Art von Macht hat, muß man vorsichtig sein, nicht zu weit zu gehen und die Leute abzuschrecken.

Es ist schwarzer Humor. Ich lache, wenn etwas schiefgeht. Ich lache über mich, wenn ich etwas fallenlasse. Ich tue manchmal die dümmsten Dinge und lache: Sonst würde ich wahrscheinlich zusammenbrechen. Ich werde in manchen Situationen sauer auf mich, zum Beispiel wenn ich sehe, ich kann die Speckrinde nicht abschneiden, während ich es vor einigen Wochen noch schaffte. Das ärgert und frustriert mich, wenn ich weiß, daß ich etwas kann, aus irgendeinem Grund aber an diesem Tag nicht.

Im YW teilte ich ein Zimmer mit Linda, die ein wenig älter als ich war und bei der etwas mit einer ihrer Hände nicht stimmte. Eines Nachts kam sie spät heim, weckte mich auf und verkündete, daß sie die Pille nehmen muß.

»Warum?« fragte ich. »Was ist los? Welche *Pille*?«

»Na, die Anti-Baby-Pille«, erwiderte sie.

»Ach ja«, meinte ich und wollte lebenserfahren wirken, fragte mich jedoch, was sie denn bloß meinte.

»Mein Freund will mit mir schlafen«, erklärte sie.

»Oh – ich verstehe . . .« Zu diesen Zeitpunkt war ich kein bißchen klüger. Ollie oder Belinda antworteten auf meine gelegentlichen Fragen über Sex, aber das meiste, was ich erfuhr, bekam ich aus natürlicher Neugierde und reiner Hartnäckigkeit heraus. Meines Wissens gab es nie offizielle Ratschläge zur Verhütung oder zu sexuellen Beziehungen. Da Verhütung im College ein empfindlicher Bereich war, mußten wir einen Weg finden, wie Linda an die Pille kommen konnte, ohne daß jemand Offizielles es erfuhr, und wir beschlossen, sie sollte zum College-Arzt gehen und einfach fragen. Wie alles andere, was vor sich ging, fiel uns das wahrscheinlich bei einem unserer Meetings ein.

Linda redete dauernd über Babys und daß es ihr größter Wunsch sei, zu heiraten und in London zu leben. Sie hatte ihr ganzes Leben daraufhin geplant, und ich verstand nicht, warum sie das wollte. Ich war gar nicht an der Ehe interessiert. Es paßte einfach nicht in meine Vorstellung. Auf meine typische rebellische Art hatte ich beschlossen, daß ich einen Lebensgefährten wollte, keinen Ehemann. Ich wollte einfach, wie immer, die Welt schockieren!

Meine neugefundene Freiheit löste neue Spannungen zu Hause aus, und wenn ich in den Ferien heimfuhr, wurde das immer anstrengender. Ich hatte mich von meinen Eltern entfernt; mein Bruder hatte die Schule verlassen, hatte angefangen, in der Bank zu arbeiten und hatte seine eigenen Freunde. Wieder begann ich, mich selbst zu bedauern, und sonderte mich von meinen Gefährten, von meinen Kommilitonen ab. Nirgends konnte ich hingehen, nichts konnte ich tun.

Ich sagte meinen Eltern, ich wollte mich um eine Wohnung bewerben. Die Hölle war los. Dad war gar nicht glücklich über diese Idee und wollte mich weiter beschützen, aber Mum brachte mich zum Rathaus, und wir füllten die notwendigen Formulare aus. Ich erkannte, daß es eine lange Wartezeit bedeuten konnte, doch ich wußte, ich mußte von zu Hause weg. Ich dachte, es sei die einzige Möglichkeit, wie ich völlige Unabhängigkeit erreichen könnte.

In der Zwischenzeit genoß ich während der Semesterzeit weiter mein Leben mit Chris und der Bande. Wir fühlten uns sehr wohl, lebten nur fürs Heute, verbrachten unsere Wochenenden damit, uns vollaufen zu lassen und in Discos zu gehen, und schliefen tagsüber.

Es war eine Zeit in meinem Leben, die ich nicht hätte missen wollen, eine Erfahrung, die mich viel über Freunde, Spaß und Freiheit lehrte – und über meine eigenen Fähigkeiten.

5

Nicht nur Sanftheit und Heiterkeit

Als im Sommer 1981 die Zeit gekommen war, das College zu verlassen, war ich erregt und verwirrt. Ich hatte geweint, als ich gekommen war, und jetzt, da ich gehen sollte, war ich wieder in Tränen aufgelöst! Warum nur? Nun, Tatsache war, daß ich keine Arbeit in Aussicht und keine unmittelbare Perspektive hatte. Zum erstenmal in meinem Leben sah ich keine »nächste Etappe« vor mir.

Bevor ich ging, besuchte mich die Berufsberaterin des College, Cheryl Hambrook, und fragte mich, was ich tun wolle. Ich sagte ihr, ich sei daran interessiert, mit Blindenhunden zu arbeiten. Hunde lieben einen in jedem Fall. Selbst wenn man schlecht gelaunt nach Hause kommt, wedeln sie noch mit dem Schwanz und springen an einem hoch. Ich hatte das Gefühl, daß Menschen immer noch die Macht hatten, mich zu verletzen und zu befremden.

Wir redeten und redeten, und Cheryl Hambrook vereinbarte für mich eine Woche Arbeit in einem Büro. Ich war nicht begierig darauf, aber sie wollte, daß ich es tat. Ich wurde ins Zentrum der Spastiker-Gesellschaft in London geschickt, wo ich den Morgen mit Büroarbeit und den Nachmittag am Empfang verbrachte. Ich haßte es, auf ein Gebiet beschränkt zu sein, und ich haßte die komplizierten, sich wiederholenden Tätigkeiten wie Einordnen und Tippen, den Mangel an Kontakt mit Menschen. Das paßte gar nicht zu mir.

Nach der Woche schickte die Spastiker-Gesellschaft eine schriftliche Beurteilung von mir ans College. Dann besuchte ich ein Treffen mit meinen Eltern, meinem persönli-

chen Tutor, der Berufsberaterin, dem Direktor des College (Mr. Fields), und dem Berufsberater der Grafschaft (Mr. Taylor). Sie alle waren da, um zu versuchen, etwas zu finden, was ich tun könnte, wenn ich das College verließ.
Ich machte ihnen klar, daß Büroarbeit nicht nach meinem Geschmack war. Sie schienen nicht allzu glücklich darüber, und mein öfter geäußerter Wunsch, mit Blindenhunden zu arbeiten, wurde mehr oder weniger mißachtet. Ich saß da und dachte: Sie wissen nicht, was sie mit mir machen sollen. Sie wollen nur, daß ich in eine ihrer sauberen Schubladen passe. Irgendeine Art von Gemeindearbeit wurde als Möglichkeit vorgeschlagen, und mein Vater klang sofort ablehnend, wollte nicht, daß seine siebzehnjährige Tochter ihre Zeit damit verbrachte, »alten Damen die Töpfe zu leeren«.
Die Berufsberater vom College waren in ihren Ratschlägen nicht sehr konstruktiv, und ich hatte das Gefühl, daß es ihnen nicht darum ging, meine Fähigkeiten herauszufinden. Nach dem Treffen blieben die Dinge erst mal in der Schwebe, und die Hauptentscheidung für meine berufliche Zukunft blieb bei meinen Eltern, was auf lange Sicht vielleicht das Beste gewesen ist. Sonst hätte ich wahrscheinlich damit geendet, daß ich Teddybären ausstopfte. Schließlich ist das Ziel, wenn man sich Beurteilungen aussetzt, herauszufinden, ob es eine Beschäftigung für einen gibt. Die Spastiker-Gesellschaft hat ihre eigenen Zentren und abgeschirmte Werkstätten im ganzen Land, und wenn man will, wird man dorthin geschickt und verbringt sein Leben damit, Kisten zu packen und Körbe zu basteln. Wenn ich zurückblicke, war ich zuerst tatsächlich gewillt dazu, da ich keine Alternative wußte.
Institutionen scheinen nicht über die Grenzen einer Fabrik oder eines Gartenzentrums hinausdenken zu können, und ich habe das Gefühl, daß dies die Angebote an Behinderte einschränkt. Das ist sehr schade, denn es heißt,

daß ein Mensch sein Potential nicht verwirklichen wird. Als ich mit sechzehn das College verließ, hätte sich niemand – mich eingeschlossen –, träumen lassen, daß ich jemals einen richtigen Beruf mit Abschluß haben würde. Man nahm an, daß, wenn man arbeitete, es in einer Fabrik sein würde, und um einen für ein Leben im Verkauf vorzubereiten, werden einem praktische Fähigkeiten antrainiert, die für mich schwierig sein können, da meine Hände sich nicht sehr koordiniert bewegen. Aus irgendeinem seltsamen Grunde werden behinderte Menschen eher Arbeiten angeboten, die sehr körperlich sind. Gott sei Dank beginnt sich dies alles zu ändern, jetzt, da das Computerzeitalter seinen Weg genommen hat.

Ich denke daran, wie ich meine erste Fernsehsendung machte, *Man Alive*, im Jahre 1980; ein Mann, der daran teilnahm, war schwer behindert, er hatte auch CP, und doch war er ein qualifizierter Anwalt. Ich war damals verblüfft darüber. Menschen müssen nach ihrer eigenen Persönlichkeit beurteilt werden und nicht nach ihrer Behinderung. Es müßte stärker das Gewicht auf die Frage: »Was möchtest *du* tun?« gelegt werden als darauf, einfach nur grundsätzliche individuelle Fähigkeiten festzustellen.

Ich hasse isolierte Werkstätten. Sie haben mit sinnlosen Aufgaben zu tun. Sie kommen nicht den Arbeitern zugute, denen nur ein Hungerlohn gezahlt wird (ungefähr vier Pfund die Woche), denn ihnen einen anständigen Lohn zu zahlen würde ganz offensichtlich ihren Anspruch auf andere Vergünstigungen dokumentieren. Es ist keine Selbstverwirklichung vorgesehen. Es heißt nur: »Da sind wir wieder – wieder ein Tag mit Packen.«

Ich war in mehreren solcher Zentren und erschrak über das, was ich vorfand, weil einige der Menschen, die dort arbeiten, so wenig behindert sind, und doch hat man sie aus der Gesellschaft gestoßen und von den weiteren verfügbaren Möglichkeiten isoliert, und das einfach nur wegen ihrer

Behinderung. Ich glaube, ich habe Glück, daß ich nicht in ihrer Lage bin, denn als es darum ging, große Entscheidungen über meine Zukunft zu treffen, hatte ich nicht die Macht . . . oder ich wußte nicht, wie ich meine Macht *nutzen* konnte, um auszuwählen und zu sagen: »Nein, das will ich nicht.« Nur weil ich starke Eltern besaß, die Ideen hatten, wurde ich nicht in dieses System hineinmanipuliert. Das passiert so vielen Menschen, und wenn ich sehe, wie nahe ich daran war, mich ihnen anzuschließen, so erschreckt mich das wirklich.

Es ist ein leichter Ausweg für Leute wie Berufsberater und Lehrer, um Behinderte loszuwerden, und ich stelle mir vor, daß, sobald man einmal in so einer Umgebung ist, es sehr schwer ist, wieder auszubrechen.

Als ich wieder in Watford war, ging ich selbst auf Arbeitssuche und wurde zu einem Gespräch mit dem Berater zur Integration Behinderter beim Arbeitsamt geladen. Wir drehten und wendeten verschiedene Möglichkeiten, und es sah so aus, als ob die, die damals für mich am geeignetsten war, das YOPS war, der Ausbildungsplan der Regierung für arbeitslose Jugendliche. Der Berufsberater nahm wegen mir Kontakt mit dem YOPS auf und empfahl mich für einen Platz in ihrem Programm.

Man bat mich zu einem weiteren Gespräch mit der YOPS-Leitung, die wissen wollte, was ich konnte und was nicht. Ich fand das schwer zu beantworten, da nicht einmal *ich* mir meiner eigenen Grenzen sicher war; bis dahin hatte man mir nie die Möglichkeit gegeben, sie zu erproben! Ich dachte ernsthaft darüber nach, und dann beschloß ich, obwohl ich mich vorher eher zu Hunden als zu Menschen hingezogen fühlte, daß ich doch mit Leuten arbeiten wollte und die Herausforderung annehmen würde, zu versuchen, sie über Behinderungen aufzuklären. Dann legte man mir nahe, daß ich vielleicht gerne vom Jugend- und Gemeindedienst in SW

Hertfordshire eingestellt würde. Dafür wäre noch ein Gespräch nötig – »um zu sehen, ob sie Sie brauchen können«. Ich wußte nicht genau, was der Jugend- und Gemeindedienst machte. Ich war nervös, wenn ich daran dachte, mit vielen Menschen arbeiten zu müssen, aber gleichzeitig war ich auch aufgeregt bei dem Gedanken, eine Arbeit mit Verantwortung und Zielen zu haben und keine untergeordnete Stellung in einem Büro oder an einem Fließband.

Das Einstellungsgespräch für eine von vier gesponserten Stellen führten Mike Hockings und Peter Crooks, die in SW Herts Jugend- und Gemeindeberater waren. Sie fragten mich, ob mich Jugendarbeit interessierte. Ich mogelte mich durch die Fragen, und sie erklärten sich einverstanden, mich aufzunehmen, und zwar zu einem wöchentlichen Anfangsgehalt von ungefähr zwanzig Pfund. Mike Hockings war die ganze Zeit mit Supervisor.

Mein erster Einsatz war bei einem Spielprogramm des Ortes; zwei Wochen lang sollte ich helfen, ungefähr achtzig Kinder im Alter von sechs bis elf Jahren zu betreuen. Kleine Kinder sind mein Schwachpunkt. Ich finde es schwer, mit ihnen zu arbeiten, und es war eine scheußliche Erfahrung. Sie waren ständig in Bewegung, und ich fühlte mich absolut fehl am Platze. Wir malten ein bißchen und spielten Schach und draußen Ball. Es gab vier oder fünf weitere Helfer und dazu einen Leiter, doch ich hatte keine Ahnung, was ich eigentlich tun sollte, und lief nur herum wie eine verlorene Seele.

Ich war die einzige behinderte Helferin. Kleine Kinder, so finde ich, sind ehrlicher in ihrem Herangehen als ältere. Sie neigen weniger dazu, sich zu verstellen. Sie fragen einfach geradeheraus: »Was ist los mit dir?« In gewisser Weise ist das weniger verletzend, und es ist leichter damit umzugehen, obwohl es schwer ist, es ganz kleinen Kindern zu erklären. Die meisten verstehen es nicht. Manche sehen einen nur an und machen: »Ah!«

Da ich noch nicht Auto fahren konnte, mußte ich mich auf die anderen Mitarbeiter verlassen, damit diese mich mitnahmen, und sie waren nett zu mir und brachten mich zur Arbeit und auch wieder heim.

Meine nächste Stelle hatte ich in der Carey-Place-Imbißstube in Watford, wo ich Sandwiches und Hamburger servierte und versuchte, eine Beziehung mit der jugendlichen, vorwiegend afrokaribischen Kundschaft aufzubauen.

Ich fand diese Erfahrung äußerst herausfordernd, denn es waren vor allem Männer da, vorwiegend Schwarze und die meisten um die Zwanzig. Ich war weiß, eine Frau, behindert und erst achtzehn. Manche schwarzen Männer neigen dazu, Frauen zu verachten, die glauben, daß Frauen nur dazu da sind, sie zu bedienen, doch diese Typen sollten mich bald kennenlernen und akzeptieren, und wenn es Krach gab, so war ich es, die sich einmischte. Es bringt nichts, einen anderen Mann loszuschicken, um einen Krach zwischen Männern zu schlichten, aber als Frau wußte ich, daß ich hingehen konnte, und sie würden mich nicht anrühren.

Sie brachten mir bei, wie man Poolbillard spielte. Ihre Sprache war teuflisch! Ich hatte angenommen, ich würde mich auskennen, doch da lernte ich ganz sicher ein paar neue Worte der Straße! Sie rauchten Hasch – *ganja* – und auch das war neu für mich. Wie unschuldig ich doch damals war!

Ich blieb ungefähr sechs Monate in der Imbißstube und hatte mich gerade eingewöhnt, als es Zeit war, meinen dritten und letzten Einsatz anzutreten: im Cassio College in Watford. Ich wohnte im Jugend-Flügel des College mit zwei anderen Mitarbeitern. Es gab Einrichtungen, um Tischtennis und Poolbillard zu spielen, und ich mußte mich um das Geld kümmern, nahm Einzahlungen für Bücher und Ausstattung entgegen. Es gab Schülergrillpartys, und ich machte eine Umfrage über die Haltung von Schülern Behinderten gegenüber, notierte Einzelheiten über den Zugang zu den College-Gebäuden und wie sie darüber denken würden, wenn behinderte Studenten dorthin gingen. Ein Kern von uns arbeitete zusammen daran. Mein Ziel war es, Unterstützung für den Gedanken zu gewinnen, daß mehr College-Plätze für behinderte Studenten geschaffen werden sollten.

Obwohl ich ganz klar dafür bin, daß Gebäude besser zugänglich sein müssen – und das verbessert sich jetzt –, ist mein Argument: »Was nützt es, wenn man in ein Gebäude hineingehen kann und der Mensch hinter der Theke oder an der Tür nicht weiß, wie er mit einem reden soll?« Das hat etwas mit der Einstellung zu tun. Wenn Behinderte sich dem anpassen, was andere Leute von ihnen erwarten, so verstärkt das die Sichtweise der Gesellschaft, sie als hilflos, passiv und voller Sanftheit und Heiterkeit zu betrachten. Behinderte müssen sich auf die Hinterbeine stellen und *rebellieren,* und die Gesellschaft muß auf sie aufmerksam werden. Es ist ein Prozeß nach beiden Seiten. Wenn mehr Behinderte sagen würden: »Ich nehme das nicht länger hin«, und die Gesellschaft dazu zwängen, aufmerksam zu werden, dann würden sich die Einstellungen allmählich ändern.

Als ich am Cassio College war, hielt ich auch Reden über Behinderung vor dem Personal und den Sozialarbeitern. Sie waren zuerst unruhig und nervös, unsicher, was meine Rolle dort betraf, aber sie reagierten gut, und wir hatten einige lebhafte Diskussionen miteinander.

Inzwischen hatten Chris und ich uns getrennt. Wir waren uns fremder geworden, seit ich Cheltenham verlassen hatte, obwohl ich ihn noch danach eine Zeitlang sah. Er besuchte mich in Watford, oder ich fuhr nach Cheltenham und traf ihn bei Belinda. Doch die Telefonanrufe wurden seltener, bis sie schließlich ganz aufhörten.

Zuerst weinte ich darüber, doch mein Herz brach nicht. Ich ließ niemals jemanden nahe an mich herankommen, und meine Schranken waren immer noch hoch. Auf jeden Fall war das ungefähr die Zeit, als andere wichtige und verwirrende Ablenkungen in meinem Leben die Oberhand gewannen.

6

»Warum redest du so komisch, Goldlöckchen?«

Eine neue Lebensphase begann für mich im Sommer 1981, im August, um die Zeit meines achtzehnten Geburtstages. Die Jungen in der Imbißstube kauften mir eine große Karte, die alle unterschrieben: *Herzlichen Glückwunsch, Ally.* In einer kleinen Gruppe vom National Star Centre (Geoff und Belinda waren dabei) feierte ich bei Bailey's, einem Nachtclub in Watford. Wir wurden alle ganz schön blau und fuhren danach zurück zum Haus meiner Eltern. Sie waren übers Wochenende weg, und wir hatten sturmfrei.

1981 war auch das Jahr, in dem ich meinen Führerschein machte, ein weiterer Wendepunkt. Es war beschlossene Sache, daß ich fahren mußte, um mir größere Unabhängigkeit zu verschaffen. Es war mir gelungen, fünfhundert Pfund von meiner Fahrtkostenunterstützung abzusparen, um mir ein gebrauchtes Auto zu kaufen. Behinderte bekommen diese Unterstützung, wenn sie keine langen Strecken laufen oder öffentliche Verkehrsmittel benutzen können. Mum, Dad und ich gingen zu verschiedenen Händlern, bis wir den alten blauen Mini mit Automatik fanden. Es war wirklich eine alte Kiste, aber ich wollte ihn. Wir machten eine Testfahrt mit dem Auto. Dann ging ich zur Bank und hob meine Ersparnisse ab. Nachdem ich den Mini gekauft hatte, übte ich regelmäßig mit meinen Eltern. Mit Dad zu lernen war legendär, und manchmal kam es fast zu Handgreiflichkeiten, doch Autofahren ist für mich etwas ganz Natürliches, und ich fühle mich wohl hinter dem Lenkrad. Ich hatte außerdem fünf Stunden in einer Fahrschule. Mein Lehrer erzählte mir dauernd, ich sollte nicht so schnell fahren. Ich schaffte es nie, bei dreißig Meilen in der Stunde zu bleiben, und ich habe immer noch Probleme mit Geschwindigkeitsbegrenzungen, doch man hat mich bis jetzt nie erwischt (toi, toi, toi!). Ich hatte die normale Fahrprüfung mit einer Viertelstunde zusätzlich. Persönlich hatte ich das Gefühl, so herausgehoben zu werden sei ein Zeichen von Außergewöhnlichkeit, das zeigte, daß ich wirklich weit über dem Durchschnitt beim Fahren liegen mußte.

Im September 1981 bestand ich die Prüfung – und es veränderte mein Leben. Autofahren zu lernen war der Schlüssel zu meiner Unabhängigkeit, es gab mir die Freiheit, zu tun, was ich wollte, und zu fahren, wann und wohin ich wollte. Es war auch eine Möglichkeit, konkurrieren und auf dem Arbeitsmarkt überleben zu können, ein lebenswichtiger Vorzug. Meine Bemühungen, fahren zu lernen, wurden für eine BBC-Dokumentation aufgenommen, für eine Serie namens *Forty Minutes*, die 1981 ausgestrahlt wurde.

Meine erste Begegnung mit den Medien fand 1980 statt, im Internationalen Jahr der Behinderten. Die BBC sprach mich an und bat mich in ihrer *Man-Alive*-Serie (im Fernsehen) aufzutreten, um zu helfen, positive Bilder von Behinderten zu fördern. Dabei waren zwei Typen und ich, alle aus verschiedenen Colleges, und die Sendung erkundete unsere Haltung gegenüber dem Behindertsein und dem Leben im allgemeinen. Das Hauptziel war es, die gesunde Bevölkerung zu ermutigen, Behinderte aufgeklärter und weniger überheblich zu betrachten – um zu den Abgründen dieser beiden gesellschaftlichen Haupteinstellungen eine Brücke zu schlagen.

Es gab so ein positives Echo und so viel Feedback, daß die BBC 1981 beschloß, eine Fortsetzung zu drehen und sich diesmal auf mich allein zu konzentrieren (*Forty Minutes*). Bei dieser Gelegenheit hatte ich mehr direkte Kontrolle und konnte besser Einfluß auf das Endprodukt nehmen.

Man zeigte mich, wie ich die Fallkonferenz in Cheltenham besuchte, die abgehalten wurde, um meine zukünftigen Be-

rufsaussichten zu diskutieren, das folgende Gespräch mit dem Arbeitsamt in Watford und – als drittes Stadium – mein Gespräch mit dem Jugend- und Gemeindedienst. Und natürlich mich am Steuer meines Mini. Die Kameras durften die Prüfung selbst nicht filmen, aber sie zeigten mich, wie mir das Ergebnis mitgeteilt wurde.
Wieder gab es alle möglichen positiven Reaktionen auf die Sendung, unter anderem eine Flut von Stellenangeboten – von Hundezwingern, Vermietungsgesellschaften, einer Nähfabrik . . . So viele Anrufe und Briefe, in denen es hieß: »Kommen Sie und arbeiten Sie für mich.« Alle waren freundliche Gesten von wohlmeinenden Menschen, aber keine war für mich die richtige. An diesem Punkt hatten Ann Paul, die Produzentin von *Forty Minutes*, und ich das Gefühl, daß es genug sei. Wir waren es satt, mehr Werbung zu machen, indem wir noch weitere Sendungen produzierten, da die Anwesenheit von Filmkameras, die mich aufnahmen, mir sonst einen unfairen Vorteil anderen gegenüber hätte geben können, da sie Menschen dazu brachten, mir Arbeit anzubieten, die sie mir ansonsten vielleicht verweigert hätten. Ich wollte nicht, daß das geschähe. Ich wollte wegen meiner eigenen Verdienste akzeptiert werden und nicht, weil man mich im Fernsehen gesehen hatte.
Ann Paul brachte mir viel bei. Dank ihrer Hilfe konnte ich zum ersten Mal in aller Tiefe ausdrücken, wie ich mich als Behinderte in einer Welt von Gesunden fühlte. Diese Sendung zu machen war eine erfreuliche Erfahrung und ein weiterer persönlicher Markstein. Sie ließ mich erkennen, daß ich mich gut mitzuteilen wußte und in der Gesellschaft einen guten Beitrag leisten konnte.
Die größte Polsterung für mein Selbstvertrauen kam, als ich als Teilzeitbeschäftigte im Jugend- und Gemeindedienst von SW Herts angenommen wurde. Nach meinem Krach im Cassio College war mein Vertrag mit YOPS ausgelaufen, was hieß, daß mir zwei grundsätzliche Möglich-

keiten offenstanden: entweder der Jugend- und Gemeindedienst konnte mich als Teilzeitbeschäftigte einstellen, oder aber ich mußte etwas anderes finden. Gott sei Dank stimmten sie zu, mich einzustellen. Ich war nun eine richtige Angestellte mit einem richtigen Job ganz im Gegensatz zu einem gelegentlichen Ausbildungsprogramm. Alles begann sich schnell zu entwickeln, und obwohl ich nur Teilzeit arbeiten sollte, verwendete ich viele Stunden darauf, ungefähr vier Sitzungen in der Woche, von denen jede drei Stunden dauerte.

Als Beraterin der Grafschaft für Behinderte bestand eine meiner wichtigsten Pflichten darin, das Funktionieren von PHAB-Clubs (Physically Handicapped and Able-Bodied; Körperlich Behinderten und Gesunden) zu überwachen und das in der ganzen Grafschaft. Das Ziel von PHAB ist (wie der Name schon sagt), die Integration von körperlich Behinderten in die Gemeinschaft zu fördern. Es gibt viele PHAB-Clubs in ganz Herts, und in meiner Verantwortung lag es, sie effektiv zu koordinieren.

Ich war unglücklich über diese Seite meiner Arbeit, denn ich bin mit dem grundsätzlichen Prinzip bei PHAB nicht einverstanden. Warum? Ich glaube, daß es eine künstliche Atmosphäre um die Integration schafft. Man bekommt die »netten« gesunden Kinder dazu, zum PHAB zu gehen, und »nette« Kinder müssen nicht bekehrt werden. Mit anderen Worten, PHAB spiegelt nicht die wirkliche Welt wieder, wie die meisten von uns sie erfahren. Ich glaube, daß gemeinsame Jugendclubs eine viel bessere Idee sind.

Andere Aufgaben beinhalteten Reden in Schulen und Jugendclubs, das Sich-Einsetzen für Jugendfürsorger, denen es nicht gutging, und Teamarbeit: zu helfen, Ferien- und Spielprogramme zu organisieren.

Wenn ich Reden halte, habe ich eine Reihe von Karteikarten dabei, auf denen meine gekritzelten Notizen stehen: »Diskutiere über Verhaltensweisen – eine halbe Stunde.«

Ich habe zwei grundsätzliche Reden ausgearbeitet: eine über mich und mein Leben und eine über Behindertsein im allgemeinen. Die letztere beginnt mit einer Diskussion über meine eigene Behinderung. Ich gehe in eine Klasse von Zehn- und Elfjährigen, setze einige in einen Rollstuhl und lasse sie dicke, schwere Gummihandschuhe anziehen, so daß ihre Hände nicht richtig funktionieren und sich ungeschickt anfühlen. Dann reden wir darüber, was es heißt, behindert zu sein. Eins fragen sie mich immer: »Möchten Sie normal sein?« Ich versuche, so gut zu antworten, wie ich kann, und sage: »Für mich bin ich normal, weil ich nichts anderes kenne.« Ich glaube, sie finden das schwer zu akzeptieren. Ich lehre sie auch Zeichensprache (das habe ich in Lonsdale gelernt) und lasse sie so miteinander kommunizieren. Mit anderen Kindern überprüfen wir unsere Verhaltensweisen und Vorurteile über alle bedeutenden Fragen, zum Beispiel Abtreibung oder Sexualität und Behinderte.

In meiner Freizeit interessierte ich mich für das Citizens Band Radio, in den frühen achtziger Jahren der letzte Schrei. Tim, ein alter Freund in meinem Alter, hatte ein Auto und war CB-Funker, und er führte mich dort ein. Tim und ich hatten so viel zusammen durchlebt, von frühen Physiothearpiesitzungen in Watford im Spastikerzentrum (er hatte auch CP) bis Cheltenham, wo er auch studierte. Er lebt jetzt in Bushey und hilft seinem Vater, das Antiquitätengeschäft zu führen. CB schuf mir viele neue Freunde und brachte mich in Kontakt mit anderen jungen Leuten in meiner Gegend oder meinem »Kanal«. Ich war fasziniert, daß die einfache Handlung, einen Knopf zu drehen, einen befähigte, mit Leuten zu *reden*. Jeder mußte einen »Zugriff« haben, eine Art von Codename. Da mein Haar lockig und recht lang war, war mein »Zugriff« Goldlöckchen.

Ich erinnere mich daran, wie ich das erste Mal mein Radio anschaltete und etwas hörte, was wie eine besondere Sprache anmutete. Am anderen Ende sagte ein Junge: »1414 für eine Kopie«, was bedeutet: »Ist jemand da draußen, der mit mir reden will?« Ich antwortete und sagte meinen Namen. Dann hörte ich: »Im Kanal ist eine Störung«, was übersetzt bedeutet: »Jemand stört uns.« Wegen meiner Sprachbehinderung dachten sie, ich würde absichtlich Unfug machen, und ich brauchte lange, bis ich den Leuten beibrachte, daß ich behindert bin. Obwohl sie hören konnten, daß etwas mit meiner Stimme nicht stimmte, dachten sie, ich stellte mich einfach blöd an, und deshalb wollte ewig lange keiner mit mir reden. Um zu ihnen durchzudringen, mußte ich Menschen von Angesicht zu Angesicht sehen, sie »im Augapfel haben«, wie sie es nennen. (Jeder hat ein kleines Codebuch, eine Einführung in die CB-Sprache.)

Der Junge, der als erster mit mir sprach, war vierzehn und hieß Christopher Robin. Er fragte mich: »Warum redest du so komisch, Goldlöckchen?«

»Weil ich behindert bin«, erwiderte ich.

»Ich glaube dir nicht.«

»Gut«, meinte ich, »dann werde ich dich treffen und es dir beweisen.« Ich hatte ihn also im »Augapfel«, und er war ziemlich geschockt. Danach hat er wohl allen anderen auf »Kanal« gesagt, daß ich wirklich behindert sei, und von da an war es wunderbar. Mein Bekanntenkreis wuchs, alle auf »Kanal« waren hilfsbereit und riefen mich oft über Funk an. In unserer Gruppe waren wir zu zehnt, vor allem Jungen und Männer, darunter Christopher Robin, Tiny Tim und The Outlaw. Die meisten hatten Autos, und wir legten einen Termin fest, an dem wir im Park (unserem Haupttreffpunkt) in der Nähe meiner Eltern in Croxley Green zusammenkommen wollten. Wir fuhren im Konvoi und redeten beim Fahren miteinander.

Einmal fuhren wir nach Sussex, immer hintereinander her, und redeten über Funk auf unserem ganzen Weg über die A 23 nach Brighton, wo wir den Tag verbrachten. Wenn man fährt, gelangt man in andere »Kanäle«, und so kann man, je nach Wetterlage, plötzlich mit Leuten reden, die außerhalb der eigenen Gruppe sind, und Nachrichten nach weiter weg übermitteln.

CB-Funken veränderte, wie das Autofahren, mein Leben und vergrößerte meine Unabhängigkeit. Es führte mich auch zum Freund Nummer zwei: Ray, The Outlaw. Unsere Gruppe war immer zusammen, wir waren alle gute Freunde ohne »feste« Beziehungen. Aber ich wollte einen Union Jack auf das Dach meines Mini gesprüht haben, und Ray sagte, er würde es gern tun – unter der Bedingung, daß ich abends mit ihm ausginge. Ich zögerte, ich war nicht so wild auf ihn, doch ich wollte unbedingt diesen Union Jack haben . . . also willigte ich ein, mit ihm auszugehen, überredete aber meine Freundin Belinda, mich zu begleiten. Belinda hatte Cheltenham verlassen und war nach Watford gezogen, wo sie als Kindermädchen arbeitete. Sie zog unter anderem dorthin, um ihre Freundschaft mit mir aufzufrischen, und gehörte auch zu unserer CB-Gruppe. Ihr »Zugriff« war Nanny.

Wir gingen zusammen in einen Pub namens Halfway House: ich, Ray, Belinda und ihr neuer Freund, Jan, auch ein CB-Fan, den sie später heiratete (Geoff war inzwischen schon von der Bildfläche verschwunden).

Ray hielt Wort, und einige Tage später bekam ich meinen Union Jack! Er war Schreiner und lebte bei seinen Eltern in Watford. Er war groß und schlank und fuhr ein schickes Auto. Wir gingen ungefähr zwei Jahre lang miteinander aus, aber mir war er zu festgefahren.

Ich hatte immer viele männliche Freunde, und es sieht so aus, als käme ich besser mit Männern als mit manchen Frauen aus: vor allem habe ich Schwierigkeiten mit den dummen, zickigen Weibern, die besessen von Make-up, Frisuren und Hausarbeit sind. Ich nehme an, ich passe besser zu Mannweibern. Als ich klein war, haßte ich Puppen und schnitt ihnen immer das Haar ab. Ich zog es bei weitem vor, mit dem Scalextrix meines Bruders zu spielen und mit dem Schwert zu kämpfen. Später interessierte ich mich für Autos und wollte herausfinden, wie sie funktionierten. Ray und ich gingen oft zusammen zu Autoausstellungen.

Mir gefiel es, »zu den Jungs« zu gehören und in Jeans, flachen Schuhen und einer von Dads alten weiten Jacken mit Gürtel herumzulaufen. Ich glaube, Mum wollte immer, daß ich das hübsche Mädchen mit langem, wallendem blonden Haar mit Bändern und Rüschenkleidern wäre. So bin ich nie gewesen. Ich war immer ein Jeans- und T-Shirt-Mensch. Ich trage gerne Kleidung, die bequem ist und in der ich mich als Mensch ausdrücken kann. Manchmal, wenn ich am Wochenende vom Internat nach Hause kam, entdeckte ich, daß Mum einkaufen gewesen war und mir Kleider besorgt hatte. »Das kann ich doch wohl nicht tragen!« sagte ich dann. So war es am Ende beschlossene Sache, daß sie mir selbst Geld gab, so daß ich Kleider kaufen gehen konnte.

Eines der Dinge, die Ray schwierig an mir fand, war, daß ich nicht die Art Mädchen bin, die stundenlang vor dem Spiegel steht und ihr Gesicht anmalt und mit ihrem Haar herumfummelt. Er sagte manchmal zu mir: »Warum ziehst du heute kein Kleid an?« »Auf keinen Fall«, antwortete ich. Wenn Menschen mich nicht so mögen, wie ich bin, so kann ich auch nichts machen. Ich habe nie einen Mann mir sagen lassen, was ich zu tun habe, und ich werde es auch nie tun.

Wir mochten beide Autos, CB-Funk und gemeinsame Ausflüge in der Gruppe, aber ich war sehr auf den Beruf orientiert, was Ray nicht war, und das brachte uns schließlich auch auseinander. Ich wollte vorwärtskommen, während er zufrieden damit war, sich niederzulassen und dort zu bleiben.

Es war eine Zeit, in der ich sehr freizügige Gedanken hatte. Ich glaube, alles fing damit an, daß ich sah, wie Mum damit

rechnete, alles im Haus tun zu müssen, und ich wußte, mit wem ich auch zusammenleben würde, er würde seinen Anteil verrichten müssen, da ich mehr vom Leben wollte als Staubsaugen, Staubwischen und Kloputzen.
Sehr haben mich meine Arbeit mit jungen Leuten und meine Kollegen beeinflußt: Männer, die freundlich, aufmerksam und nicht sexistisch waren, Männer, die daran glaubten, alles zu teilen, und wußten, woran sie waren. All dies war für mich wie eine Offenbarung und half mir, daß mein Denken radikaler wurde.

Ungefähr sechs Monate, nachdem mein Name auf die Wohnungsliste gesetzt worden war, war ich zufällig bei Jackie Fletcher in Wakefield, als meine Mum anrief, um mir zu sagen, daß der Rat versucht habe, mich zu erreichen. Sie wollten, daß ich mir die Lage meiner neuen Wohnung in Rickmansworth ansähe. Ich fuhr sofort heim und ging hin. Sie bauten dort einen Block mit sechs Wohnungen, davon eine für einen behinderten Menschen. Zu diesem Zeitpunkt war es nur ein Loch im Boden, doch ich war aufgeregt, wenn ich daran dachte, eines Tages eine eigene Wohnung zu haben.
Ich zog in meine neue, im Erdgeschoß liegende und extra angefertigte Wohnung im September 1982, nach einer Wartezeit von achtzehn Monaten. Sie war mit verschiedenen Besonderheiten ausgestattet: Rampen, die zu den Türen hinaufführten, keine Stufen, Geländer, Wasserhähne mit Griffen, auf halber Höhe der Wände Schalter.
Ich fing mit den teuflischsten Möbeln an, von denen ich die meisten durch Annoncen in unserer Lokalzeitung erworben hatte: einen alten Teppich, eine Ansammlung von Töpfen und Pfannen, einen riesigen, alten Schwarzweißfernseher, der wahrscheinlich von einem Lastwagen gefallen war ... Dinge aus dritter Hand, die mir aber doch nützten.
Meine CB-Freunde halfen mir beim Umzug und legten den

Teppich für mich aus. Dabei mußten wir ganz schön viel lachen, und in den ersten sechs Monaten war es ein wenig, als lebten wir in einer Kommune.
Ich brauchte einige Zeit, bis ich mich daran gewöhnt hatte, in mein eigenes Zuhause heimzukehren und selbst waschen, einkaufen und kochen zu müssen . . . doch es war die Freiheit, und alles gehörte mir.
Ray war ein guter Handwerker, aber wenn es um den Haushalt ging, so übernahm er nur ungern seine Pflichten. Er kam abends herüber und erwartete, daß das Essen fertig auf dem Tisch stand. Ich sagte ihm, er könne genausogut kochen wie ich. Das gefiel ihm nicht. Zwischen uns kam es zu Reibereien, und ich erkannte allmählich: »Das ist eine Beziehung ohne Zukunft!« Im Block lebten alte Leute. Es ist komisch, wie man Behinderte und Alte immer zusammenwirft! Wenn wir Partys gaben, versuchten wir, nicht soviel Lärm zu machen, aber sie müssen doch einiges gehört haben.
Der Hauptnachteil bestand darin, daß ich ein Jahr lang kein Telefon hatte, obwohl ich das meines Nachbarn benutzen konnte. Es war toll, meinen eigenen *Raum* zu haben und ihn genau so gestalten zu können, wie ich es wollte.
Ungefähr um die Zeit, als ich einzog, durchlebte mein Bruder zu Hause eine schlimme Phase. Einer der Lieblingssätze meiner Mum ist: »Du benutzt dieses Haus wie ein Hotel.« Ich mußte mir das auch einige Male anhören, und nun war Andy an der Reihe! Nach einem Krach zu Hause fragte er mich, ob er kommen und eine Nacht bleiben könne. Ich stimmte zu – und das veränderte alles. Es hieß, daß unsere früheren Rollen umgekehrt wurden, und anstatt daß Andy mich beschützte, war nun ich es, die sich um ihm kümmerte, denn er lebte in *meinem* Haus nach *meinen* Bedingungen. Das verlagerte das Gleichgewicht der Kräfte in unserer Beziehung und ließ Andy mich in einem neuen Licht sehen.

Als er erst zehn Jahre alt war, so erinnere ich mich, sagte er zu mir: »Wenn Mum und Dad sterben, mußt du bei mir wohnen, damit ich mich um dich kümmern kann.« Damals war ich sehr wütend und sagte, er solle nicht so dumm sein. Selbst damals war ich entschlossen, meine eigene Wohnung zu haben. Doch unter Freunden und Verwandten herrschte immer die Ansicht, daß ich niemals unabhängig sein würde und daß dann Andy sich um mich kümmern müsse. Dies wurde als selbstverständlich angenommen. Es war fast, als ob Mum und Dad ihm dieses Denken beigebracht hätten – als eine Art Pflicht. Keiner auf der Welt dachte, ich würde jemals heiraten oder ein selbständiges Leben führen. Nicht einmal meine engsten Freunde glaubten, daß es mir gelingen würde, eine Arbeit zu haben und meine eigene Wohnung zu bewohnen – doch das tat ich! Ich glaube, deshalb wollte ich so viele Dinge selbst ausprobieren – weil die vorherrschende Sichtweise war: Arme Alison, Andrew wird sich eines Tages um sie kümmern müssen.

Ich mußte meinen eigenen Raum, ein Auto, meine eigene Arbeit haben wie alle anderen auch. Bevor ich in die Wohnung einzog, sagte Dad zu mir: »Alison, wenn du heimkommen willst, zögere nicht.« Es ist interessant, daß er mich kaum jemals besucht hat. Er war zu Hause so lange der Boß gewesen, daß ich glaube, er fühlte sich unbehaglich, weil ich jetzt eine eigene Wohnung hatte.

Meine Mutter, obwohl sie sich Sorgen um mich machte, konnte ihre Gefühle besser verbergen als mein Vater. Sie besuchte mich einmal in der Woche, und ich besuchte sie auch ziemlich oft.

Da ich wußte, daß keiner glaubte, ich würde allein zurechtkommen, war ich noch entschlossener, zu beweisen, daß sie alle unrecht hatten. Der Gedanke, daß Behinderte wenig Erfolg haben, ist so stark verinnerlicht worden, daß er sich oft verselbständigt. Da die Erwartungen der anderen so

niedrig sind, werden alle verrückt, wenn einem etwas Wichtiges gelingt!
So war es, als ich in den Buckingham-Palast zur Königin eingeladen wurde. Dies war 1983 wegen meiner Beschäftigung mit The Pack und war eine Art Empfang, um den einundzwanzigsten Jahrestag der Freiwilligen des Gemeinschaftsdienstes zu feiern. Ich bekam eine förmliche Einladung.

DER MAJOR DOMUS
HAT IHRER MAJESTÄT ORDER ERHALTEN,
MISS ALISON FRENCH
EINZULADEN ZU EINEM EMPFANG,
DER IM BUCKINGHAM-PALAST VON DER
KÖNIGIN UND DEM HERZOG VON EDINBURGH
ABGEHALTEN WIRD.
(TAGESKLEIDUNG. KEINE HÜTE.)

Meine Freundin Karen kam mit mir. Ich wollte nicht Ray im Schlepptau haben, und es ist ein bißchen komisch, seine Mutter in den Buckingham-Palast mitzunehmen, also bat ich statt dessen Karen. Sie arbeitete mit mir im selben Büro im Jugend- und Gemeindedienst. Wir machten zusammen Projekte, und sie wurde eine gute Freundin. Sie war ausgeflippt und punkig mit rot-gesträhntem, abstehendem Haar.
Wir machten uns beide für den Anlaß zurecht. Ich trug ein schickes, blau-weiß gestreiftes Tageskleid, weiße Schuhe und mehr Make-up als sonst. Wir kamen um sechs Uhr nachmittags zum Cocktail im Grünen Zimmer an, und später gingen wir in den Festsaal, wo ich die Königin traf. Es waren Butler in weißen Handschuhen und mit Perücken da, die hinten mit einem Band zusammengebunden waren. Wir aßen Sandwiches ohne Krusten: Gurken und Käse und Fischpastete – solche, die man in einem Happen hinunterschlingt. Ich war noch mehr beeindruckt von der Art, wie der

Kellner unsere Gläser bis oben gefüllt mit Wein hielt, und am Ende des Abends war ich recht fröhlich.
Die Hälfte des Reizes, in den Palast zu gehen, bestand darin, die offizielle Einladung von der Königin mit der Post bekommen zu haben. Ich fühlte mich sehr geehrt.

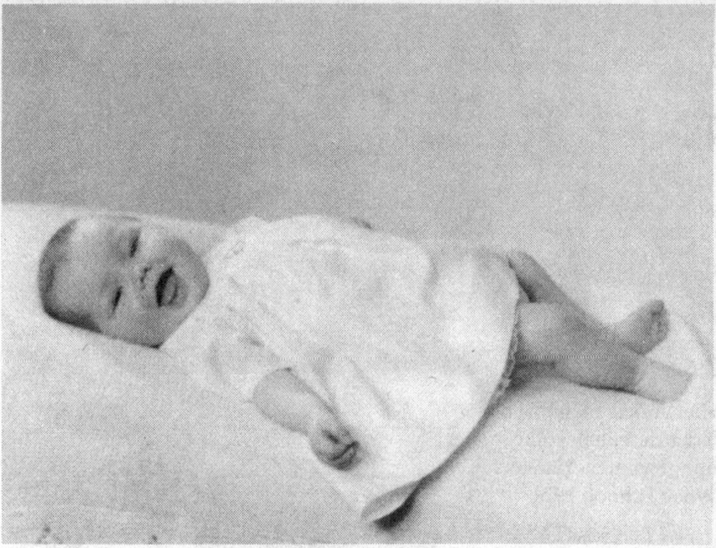

Sechs Monate alt: Die ganze Welt vor mir.

Allein mit dem ersten Mann
in meinem Leben, meinem Dad.

Der Tag des Klassenfotos,
im Alter von acht. Bitte lächeln!

Hier endete meine Sportlerkarriere. Ich wollte immer nur gewinnen. Hangers Wood School, 1971.

Sonne am Meer. Mum, Andy und ich.

Liebender Bruder und Schwester.

Linda und ich in der Schwimmannschaft
des National Star Centre.

Prüfung am Fitzroy Square.

Meine Abschiedsparty beim Jugend- und Gemeindedienst, Watford, Juli 1985.

Philip und ich im Gästeraum nach *Going Live.*

Ich probiere die neue Dusche in meiner Wohnung aus.

Abschluß.
Das Stück Papier, das alles sagt.

Mit Mark nach einem Rugby-Spiel in Oxford, 1986.

Filmen macht Spaß.
Ann Paul und ich während der Dreharbeiten von *I, Alison*.

Ich erkläre den Kindern in der Gwyrosydd-Schule, worum es geht.

Mit Bischof Vaughan, der uns traute.

Andy, Mum, ich und Dad.

Im Auto: los geht's.

7

Begegnung mit Mark

Anfang des Jahres 1984 begann ich mit meiner Teilzeitgrundausbildung für die Jugend- und Gemeindearbeit: Dies war eine Bedingung für meine Einstellung in SW Herts. Ich mußte einen Abend in der Woche zwanzig Wochen lang zum Gebäude des Jugenddienstes am Carey Place gehen, und das Ganze begann und endete mit einem Wochenendseminar im All Saints Pastoral Centre, einem Altenheim in London Colney, in der Nähe von St. Albans. Ich war nur mit halbem Herzen bei diesem Kurs, denn ich hatte mich schon für eine Berufsausbildung beim Jugend- und Gemeindedienst in Walthamstow, North London, beworben. Ungefähr vierzig Leute aus der ganzen Grafschaft kamen Freitag abend zum ersten Wochenendseminar nach London Colney, und soweit ich mich erinnern kann, war ich die einzige Behinderte dort. Wir teilten uns in Gruppen auf, und ich war mit Karen, Diane und Cynthia zusammen, alles Mitarbeiter aus meinem Bezirk.

Wir verbrachten die meiste Zeit damit, verschiedene Aufgaben auszuführen, und die letzte Aufgabe bestand darin, daß jeder sich jemandem nähern sollte, den er nicht kannte, und ihm erzählen sollte, was man an dem Wochenende an ihm bemerkt hatte oder was einem aufgefallen war. Seit unserer Ankunft hatten Karen und ich die örtliche Elite beäugt: die bestaussehenden Typen, die es wert zu sein schienen, daß man sie kennenlernte – und wir entschieden beide aufgrund persönlicher Beobachtung, daß Mark John ganz oben auf der Liste stand.

Also drängte Karen mich bei dieser Aufgabe, hinzugehen

und mit ihm zu reden. So einer Herausforderung kann ich nicht widerstehen, also ging ich zu diesem großen, dunklen, gut gebauten Mann, nagelte ihn in einer Ecke fest und verkündete: »Ich heiße Alison. Ich glaube, Sie sind Waliser, trinken viel Bier und spielen Rugby.« Er war sprachlos. Er stand gegen die Wand gelehnt in einer sehr defensiven, offenen Haltung. Plötzlich wurde sein Gesicht ausdruckslos, und ich spürte, er war verlegen, weil jemand ihn »ertappt« hatte und weil dieser Jemand ausgerechnet eine Behinderte war. Es war das erste Mal, daß ich tatsächlich mit ihm gesprochen hatte, aber er sagte als Erwiderung nichts außer einem zögernden: »Ja.« Ich dachte: Was für ein Langweiler! Ich war nicht beeindruckt.

Nach dem Wochenende fuhren wir alle zurück in unsere Bezirke (Mark kam von St. Albans), und in den nächsten Wochen vergaß ich ihn tatsächlich vollkommen. Für mich war er nur ein Typ, den ich getroffen hatte und der recht gut aussah.

Als wir für das Fortsetzungsseminar im Juni nach London Colney zurückkamen, waren alle Gruppen auseinandergegangen, so daß wir mit Leuten arbeiteten, die wir nicht kannten, die aus anderen Bezirken kamen. Und rate, wer in meiner Gruppe war? – Mark John!

Meine erste Reaktion, als ich in den Raum kam und ihn dort sah, war: »O nein!« Er hockte dort in seinen Kampfhosen und seinem grünen T-Shirt und zog an seiner Pfeife. (Das brachte mich ab von ihm, denn ich hasse alles, was raucht.) Er schien verlegen, mich wiederzusehen, vor allem weil wir diesmal in der gleichen Gruppe waren.

Wir waren ungefähr zu acht in der Gruppe, und keiner wußte, was er tun sollte, um die Sache anzuschieben, also meinte ich: »Stellen wir uns doch vor. Hallo, ich heiße Alison« – und so weiter, und jeder sagte einige Worte über sich selbst. Es war eine Möglichkeit, sich kennenzulernen, ein Weg, die »Dynamik« der neuen Gruppe zu testen.

Wir kamen sehr gut miteinander aus. Tatsächlich gelang es uns, einige Tutoren aufzuregen, weil wir zu laut lachten, und so brachten wir in gewisser Weise das Hauptziel zum Scheitern, das darin bestand, daß man sehen wollte, wie wir unter Druck zusammenarbeiten: Es gab keinen Druck, da wir uns alle so gut verstanden.

Am Samstag nachmittag lagen wir alle draußen in der Sonne im Gras, redeten darüber, was wir tun wollten, und Mark sagte, er wolle Priester werden. Zuerst glaubte ich wirklich, er wolle mich aufziehen. Dieser extrovertierte Mann mit dem ansteckenden Lachen paßte einfach nicht zu meinem Bild von einen »richtigen« Priester. Ich hatte schließlich antireligiöse Gefühle und dachte: Das ist keiner für mich, und beschloß, Abstand zu halten.

Als Teil ihrer Vorstellung mußte jede Gruppe ein kurzes Projekt fertigstellen. Wir hatten das Gefühl, daß unsere Gruppe falsch beurteilt und von den anderen Gruppen mißverstanden worden war, die uns als ausgeflippt und sorglos eingeschätzt hatten, und um das Gleichgewicht wiederherzustellen, beschlossen wird, ein Video zu machen, das uns in ernsterem Licht zeigen würde. Wir wählten als Thema eine gespielte Schlägerei, die man auf vielfältige Weise interpretieren konnte.

Wir spielten eine Szene, in der eine Person eine Bombe oder ein anderes Geschoß auf jemanden warf. Wir hatten drei Ansager, die die Nachrichten verlasen, und zeigten, wie alle drei den Vorfall unterschiedlich darstellten und so ein unterschiedliches Bild davon gaben; wir hatten das Gefühl, dasselbe passierte mit *uns*. Andere Leute hatten unsere Gruppe falsch »verlesen«.

Nachdem die Tagesausbildung vorüber war, begannen wir an unserem Projekt zu arbeiten und machten bis spät am Abend weiter. Gegen neun Uhr legten wir eine Pause ein. Wir beschlossen, in die Bar zu gehen und viel Alkohol vor der Schließung zu kaufen, so daß wir bis in die Nacht trin-

ken konnten, während wir arbeiteten. Ich kann mich so gut daran erinnern – Mark stand links neben mir an der Bar und fragte mich, ob ich etwas trinken wolle. »Okay, ein halbes Lager«, sagte ich und holte meine Strohhalme aus der Tasche. Er sah mich ziemlich fragend an.
»Ich trinke immer mit Strohhalm, weil man dann schneller blau ist«, meinte ich. Das brach das Eis völlig, und wir machten sofort einen drauf und amüsierten uns köstlich. Da wir einen großen Vorrat an Lager in den Seminarraum mitgebracht hatten, blieben wir alle bis ungefähr drei Uhr früh auf, tranken und arbeiteten an unserem Projekt. Wir wurden ganz schön betrunken, und es wurden Dinge gesagt, die man sonst vielleicht nicht gesagt hätte. Wir hatten tiefe, inhaltsschwere Diskussionen über Gefühle und wie wir das Leben sahen. Es ging nicht in der Art: »Meine Mama arbeitet bei Sainsbury.« Mark erzählte mir, daß er mich möge, aber ich nahm ihn nicht ernst. Schließlich suchte ich nicht nach einem neuen Typen. Ich hatte ja immer noch den beständigen, vernünftigen, nüchternen Ray, zu dem ich zurückkommen konnte. Mark und ich benahmen uns sehr vorsichtig. Mark arbeitete noch an seinen eigenen tiefsitzenden Blockaden in bezug auf Behinderungen im allgemeinen (und meine im besonderen), während ich weiter große Zweifel an seinen priesterlichen Ambitionen hatte.
Am nächsten Tag (Sonntag) hatten wir einen schweren Kater und stellten unser fertiges Projekt den anderen Gruppen vor. Ihre Reaktion war positiv, und wir hatten das Gefühl, daß wir uns rehabilitiert hatten.
Dann ging es ans Abschiednehmen. Wir setzten uns zum Tee zusammen, und da wir so eine enge Gruppe waren, gab es viele Küsse und Umarmungen. Ich küßte alle, und als ich zu Mark kam, küßte er mich auf die Stirn. Das brachte mich etwas aus der Fassung. Die anderen hatte er auf Wange oder Mund geküßt. Okay. Macht nichts. Wenn er es so

will, dachte ich. Ich fuhr in meine Wohnung zurück und zu Ray, der nicht im geringsten daran interessiert war, etwas von meinem Wochenende zu erfahren, und nichts damit anfangen konnte.

Einige Tage vergingen. Ich war in der Arbeit sehr beschäftigt, in und um Watford herum. Dann wurden Karen und ich eines Tages für ein Projekt in Marks Bezirk geschickt. Karen rief Dee Hamilton an, Marks Jugendleiterin bei St. Albans, um ein Treffen mit ihm im Jugend- und Gemeindezentrum zu organisieren. Ohne daß ich es wußte, hatte Karen sie gebeten, es so einzurichten, daß Mark dasein würde, wenn ich ankam. Wir fuhren in meinem Auto nach St. Albans, und dort im Zentrum begegnete uns Mark. Diesmal wurde ich wirklich umarmt, also muß sich etwas in seinem Kopf getan haben seit unserem letzten Treffen. Was mich anging, so ahnte ich zu dieser Zeit immer noch nichts von tieferen Gefühlen für ihn.

Nachdem wir eine Zeitlang mit Dee Hamilton geredet hatten, lud Mark Karen und mich zum Essen in seine Wohnung in der Innenstadt ein, die er mit einem angehenden Methodistenpfarrer teilte. Karen und ich starben fast, als wir die Wohnung sahen. Es war, als beträten wir einen Schweinestall. Das Toilettenfenster war kaputt und hing von der Wand, wurde nur noch von einem Stuhl abgestützt. Es war ekelhaft.

In der ganzen Wohnung gab es nichts zu essen, und er mußte etwas kaufen gehen, was zeigt, wie sehr er versuchte, mich zu beeindrucken!

Wir saßen am Küchentisch und aßen Eier, Chips, Würstchen und Bohnen. Mark saß mir gegenüber, Karen rechts von mir, und wir plauderten über unser Leben zu Hause. Aus irgendeinem Grund kam das Gespräch auf Ray. Mark wußte nicht, daß ich schon einen Freund hatte, und offenbar fiel ihm das Gesicht herunter (ich kann mich nicht daran erinnern, aber Karen erzählte es mir später) . . .

Wir beschlossen, daß es eine gute Idee wäre, ein Treffen mit allen vom Kurs zu organisieren, und Mark schlug vor, wir könnten einen Discoabend in der Krypta der Abtei von St. Albans veranstalten, so daß Karen und ich die Leute aus Watford zusammentrommeln und Mark sich um den Teil von St. Albans und Hertford kümmerte.
Als Datum für den Discoabend legten wir einen Tag im nächsten Monat fest, einen Freitag abend. Ich nahm Karen im Auto mit, und wir wurden von Mark in Hemd, Schlips und Anzug begrüßt, als wir an der Krypta ankamen. Er sah recht respektgebietend aus und stieg in meiner Achtung.
Wir gingen zuerst in den Fighting Cocks, den ältesten Pub von England, und wurden recht fröhlich, dann zurück in die Krypta zum Discoabend. Ungefähr dreißig tauchten auf, auch einige Tutoren waren dabei. Karen und ich tanzten, während Mark mit seinen Kumpels trank. Alle amüsierten sich, und es herrschte eine entspannte und fröhliche Stimmung. Am Anfang des Abends spielte man hauptsächlich Reggea-Musik. Später, als die langsamen Platten kamen, trat Mark auf mich zu, und er *bat* mich nicht zum Tanz: Er packte mich am Arm und zog mich auf die Tanzfläche. Lionel Ritchies »Hello« wurde gerade gespielt. Wir tanzten recht eng, und ich hatte meine Arme um seinen Hals gelegt, er seine um meine Taille. Ich erinnere mich, daß ich dachte, wie schön seine Augen seien. Wir küßten uns nicht oder ähnliches. Wir waren uns nur nahe.
Karen war hinter Mark und tanzte mit einem anderen Typen, zwinkerte mir zu und hielt den Daumen in die Höhe. Da ich diesen körperlichen Kontakt mit Mark hatte, mußte ich meine Gefühle, betreffend unsere Beziehung, überdenken. Er lag ganz eindeutig auf meiner Wellenlänge: Ich wußte das aus dem Kurs. Zwei Wochenenden lang waren wir zusammengewesen unter höchst geladenen, intensiven Umständen, und jeder von uns hatte erfahren, wie der andere funktionierte. Wir mußten jedoch nun die grundsätz-

licheren Einzelheiten kennenlernen – den normalen sozialen Umgang oder die Platitüden von Paaren beim ersten Treffen: »Woher kommst du?« »Hast du Brüder oder Schwestern?« So bewegte ich unsere Beziehung komischerweise in umgekehrter Richtung von einem tieferen Stand zu einem sachlicheren.

Nachdem wir zu Lionel Ritchie getanzt hatten, saßen wir eine Zeitlang da und redeten miteinander, bis die Party gegen ein Uhr nachts endete. Das Ende kam ziemlich abrupt, als der Dekan von St. Albans, der nebenan wohnte, ein ruhiges Wort mit Mark über den Lärm sprach, den wir machten. Die Leute gingen allmählich heim. Mark wagte eine offene Einladung zum Kaffee in seiner Wohnung, die ungefähr eine Meile entfernt lag. Die meisten waren zu betrunken zum Fahren, aber irgendwie erreichten wir die Wohnung, wo Tassen mit heißem, starkem Kaffee herumgereicht wurden. Wir machten Musik an, tanzten und redeten darüber, in was für einer wunderbaren Welt wir lebten und wie wir sie allein ändern würden.

Dann befand ich mich irgendwie allein in Marks Zimmer. Wir saßen nur auf dem großen Bett und redeten. Leute hämmerten an die Tür und wollten hereinkommen – auch Karen, die zu mir sagte: »Los, Alison, wir gehen besser.«

Ich ging aufs Klo und ließ sie mit Mark reden. Als ich zurückkam, flüsterte sie mir zu: »Du kannst nicht heimgehen, Alison – er will es nicht.« Ich ging wieder ins Zimmer, und Mark sagte: »Bitte, bleib und rede mit mir.« Nun, ich schmolz einfach dahin, und dann . . .

Karen gelang es, von jemand anderem mitgenommen zu werden. Inzwischen blieb ungefähr ein Dutzend die Nacht über auf und redete. Schließlich schliefen wir ein, in einem riesigen Haufen auf dem Bett liegend.

Ich wachte gegen acht Uhr Samstag morgen auf, umgeben von all diesen Körpern, und mein erster Gedanke war: Verdammt, wie bin ich hergekommen? Was habe ich letzte

Nacht getan? Ich wußte, ich konnte nicht viel getan haben, denn ich war noch ganz angezogen, also das war okay . . . aber ich fühlte mich scheußlich. Andere Leute um mich herum wachten auf und stöhnten über ihre schmerzenden Köpfe.

Dann dachte ich an Ray. Ich sollte ihn an diesem Morgen sehen und würde zu spät kommen.

Mark fragte mich, ob ich ihn zur Arbeit fahren könnte, bevor ich nach Hause fuhr. Er arbeitete Teilzeit im Fighting Cocks, um sein Jahr Jugendarbeit in der Pfarrei zu finanzieren. Ich fuhr ihn dorthin, und bevor er ausstieg, fragte er mich, ob er mich wiedersehen könne. Ich schlug vor, er solle mich im Büro anrufen (ich hatte damals noch kein Telefon in der Wohnung), und dabei beließen wir es.

Ich wußte, daß ich große Schwierigkeiten mit Ray haben würde, denn ich trug noch meinen Partydreß, und als ich zu meiner Wohnung kam, wartete er draußen in seinem Auto auf mich und wollte wissen, wo ich gewesen sei.

»Einkaufen!« sagte ich.

»O nein, das warst du nicht.«

»O doch, das war ich.«

»Du warst bei diesem Mark, oder?«

Mir war jetzt alles piepegal, und wir hatten einen Riesenkrach. Wir fuhren das Wochenende auf seinem Boot auf den Fluß hinaus, aber das war eine Katastrophe. Wir redeten einfach nicht miteinander. Immer wenn Ray sprach, was nicht oft war, hängte er Marks Namen an so ziemlich jeden Satz dran. Ich fand es ebenso schwer, Marks Namen aus unseren beschränkten Gesprächen herauszuhalten, und die meiste Zeit verbrachte ich mit Tagträumen.

Wie üblich ging ich am Montag zur Arbeit und sah Ray die nächsten paar Wochen nicht, vor allem weil ich sehr viel zu arbeiten hatte, aber auch weil ich mehr als genug von seiner Kleinlichkeit hatte.

Ungefähr vierzehn Tage nach der Party waren Karen und

ich zufällig in St. Albans, und ich sagte: »Suchen wir doch Mark.« Wir fuhren zur Abtei, wo wir ihn mit einigen Freunden von dem Kurs aus meinem Bezirk fanden. Einer von ihnen, Jim, hatte einen offenen Landrover, und wir stiegen alle ein und fuhren zum Fighting Cocks, danach zurück in Marks Wohnung, um einen Kaffee zu trinken, bevor wir wieder nach Watford fuhren.

Mark brachte mich zum Auto, und zum erstenmal knutschten wir richtig. Karen saß im Auto und hupte, um mich zur Eile anzutreiben, denn es wurde spät, und wir mußten wieder im Büro sein.

Ich stieg ins Auto, völlig durcheinander, und meinte: »Sag mir, daß das nicht passiert, Karen.«

Später kam Karen zu mir, und wir redeten stundenlang. Sie ist eine gute Freundin, aber ihre Ratschläge waren nicht besonders hilfreich. Sie waren ungefähr: »Es ist Zeit, daß du dir klar wirst.« Ich war einem emotionalen Schlamassel ausgeliefert. Einerseits war da dieser Priestermensch, mit dem das Zusammensein Spaß machte und der meinen Sinn für Humor hatte, und dann war da dieser beständige, aber ziemlich langweilige Typ, der mir Schwierigkeiten machte. Ich wußte in meinem Herzen, daß meine Beziehung mit Ray am Ende war und daß es nur noch eine Frage der Zeit war, bevor wir uns endgültig auf Wiedersehen sagten.

Mark und ich sahen uns einige Wochen lang immer wieder; dann, Anfang August (1984), fuhr er auf Urlaub nach Frankreich: für drei Wochen mit seinem Freund Duncan und Duncans Freundin. Dies war schon vor einiger Zeit geplant worden, ließ mich aber in einem Schwebezustand zurück.

8

Gegen die Kirchenschranke

Nachdem Mark nach Frankreich gefahren war, hatten Ray und ich unsere endgültige Auseinandersetzung. Ich sagte zu ihm: »Wir können so nicht weitermachen.« Er meinte immer wieder: »Ja, ich weiß . . . aber ich liebe dich immer noch.« Ich sagte, daß meine Gefühle für ihn sich verändert hätten und daß es kein Zurück gäbe.

Ray war der Typ, der mich beschützen wollte, während Mark mich nur *unterstützen* wollte. Als Ray ging, dachte ich: Gut. Jetzt kann ich mein Leben leben. Von einer Behinderten verlassen zu werden, muß ganz schön niederschmetternd sein, und sein Ego hat wohl eine Beule bekommen.

Inzwischen vertiefte ich mich immer mehr in meine Arbeit und war in der Gemeinde sehr beschäftigt, besuchte Jugendclubs und PHAB-Clubs. Karen und ich halfen auch, eine Ausstellung in Hertford zu organisieren, die den Jugenddienst der Grafschaft fördern sollte. Das dauerte drei Wochen lang. Eines Morgens bekam ich einen Brief von Mark, in dem er schrieb: »Mir geht's gut. Denke viel an Dich und mich, und möchte, daß das mit uns weitergeht . . . PS: Ich liebe dich.« Meine unmittelbare Reaktion war: »Wie kann er mich lieben? Er kennt mich doch nicht gut genug.« Ich entwickelte mit jeder Minute mehr Zuneigung zu ihm, und wir fühlten uns in Gesellschaft des anderen wohl, aber was mich anging, so war es mehr ein Mögen als Liebe. Wir konnten offen über fast alles reden, und ich nehme an, das Sich-Verlieben entwickelte sich von da an.

Duncan war Marks bester Freund, und als sie in Frankreich waren, sagte Mark zu Duncan: »Ich glaube, ich verliebe mich gerade in eine Spastikerin.« Offenbar war Duncan sehr feindselig und meinte: »Tu das nicht.« Ich denke, in den ganzen drei Wochen mußten er und seine Freundin sich anhören, wie Mark von mir erzählte und sagte, wie sehr er mich vermisse. Als sie zurückkamen, arrangierte Mark es, daß ich Duncan kennenlernen konnte. Ich mußte den »Säuretest« bestehen: Wenn Duncan mich mochte und akzeptierte, war alles gut. Wir gingen zum Essen ins Berni Inn. Mark war so bemüht, daß Duncan mich mögen sollte, daß er mich, um ihn auf unsere Begegnung vorzubereiten, wohl zu einer Art Monster oder Drachen aufgebaut hatte, damit die Wirklichkeit weniger schrecklich sein würde. Er arbeitete noch an seinen eigenen Hemmungen, betreffend meine Behinderung, und machte sich Sorgen darüber, was seine Freunde wohl denken mochten.

Ich weiß nicht genau, was Duncan erwartete, aber wir stellten sofort eine Beziehung her. Ich glaube, er war angenehm schockiert von meinem Sinn für Humor. Ich bin schlagfertig und mache viele Witze. Ich bin nicht langsam »oben«, wie man so sagt. Duncan hatte vielleicht einen langsameren, phlegmatischeren Typ Mensch erwartet, aber in so jemanden hätte sich Mark nie verliebt. Da er ein großer, ziemlich lauter, hyperaktiver Kerl war, brauchte Mark jemanden mit starker Persönlichkeit, der mit ihm Schritt halten konnte, sonst hätte er denjenigen überfahren.

Mark hat noch einen engen Freund, Simon Fricker, dem er ein ähnlich wenig schmeichelhaftes Bild von mir gezeichnet hatte, aber wieder verstanden Simon und ich uns vom ersten Augenblick an.

Mein einundzwanzigster Geburtstag näherte sich, und einige Freunde kamen, um zu feiern: Tim und andere CB-Funker, Arbeitskollegen, Mark und Marks Bruder Simon. Wir gingen in den Pub des Ortes, den Feathers, der ungefähr eine Meile von meiner Wohnung entfernt lag.

Ohne daß ich es wußte, machte Simon meine Drinks stärker. Also trank ich nicht nur Martini, sondern eine Mischung aus Gin, Lager und auch Wodka. In dem Maße, wie die Drinks zunahmen, wurde ich sehr fröhlich. Als es Zeit für die letzte Bestellung wurde, stand ich auf, um eine Runde zu zahlen, und merkte, daß ich mich nicht mehr rühren konnte. Ich war absolut ohne Beine, und wenn ich so bin, werde ich sehr wacklig und kichere viel.

Als wir schließlich heimkamen, schlug jemand vor, wir sollten etwas essen (wir hatten den ganzen Abend kein Essen zu uns genommen). Mein Freund Tim fuhr zum chinesischen Schnellimbiß und kam zurück mit vier oder fünf Tüten mit verschiedenen Gerichten, stellte sie auf den Tisch, und jeder bediente sich. Ich mußte mich sofort übergeben und fühlte mich danach recht elend.

Einige Leute blieben über Nacht. Ich ging nur noch ins Bett und überließ sie ihrem Schicksal. Ich erinnere mich, daß Mark mich mit einer Tasse Tee um zehn Uhr morgens aufweckte. Ich fühlte mich scheußlich. Er meinte: »Hör zu, ich muß dir etwas sagen.« Ich dachte, daß vielleicht das Auto kaputt sei, aber das war es nicht . . .

»Du hast gestern abend einen Polizisten geküßt«, sagte Mark. Ich war entsetzt. Ich konnte mich an nichts erinnern, was am Ende des vorigen Abends passiert war. Er erzählte mir, daß ich zu diesem Polizisten gegangen sei, angefangen habe, ihn anzuquatschen und zu küssen, und daß der Beamte mich deswegen sehen wolle. Alle zogen mich jahrelang damit auf, und zuerst glaubte ich ihnen auch, sie legten mich richtig rein.

Später an diesem Tag bekamen wir Hunger und ließen uns Fisch und Chips und noch etwas zu trinken bringen. Wir wurden wieder ganz blau, und die Party ging das ganze Wochenende so weiter. Ich brauche keinen Strohhalm, wenn ich betrunken werde, weil ich mich so entspannt fühle. Alle Spannung verschwindet aus meinem Körper, und ich zittere nicht mehr so wie sonst. Wenn Sie mich sähen, wenn ich betrunken bin, würden Sie nicht glauben, daß ich behindert bin. Aber ich bin nicht gern in diesem Zustand, weil das heißt, daß ich meinen Körper nicht kontrolliere. Ich betrinke mich nie, wenn Mark dabei ist. Pimmy ist mein Lieblingsgetränk, aber meistens trinke ich Lager, denn dann kann ich länger nüchtern bleiben. Wenn ich mich in einer Situtation nicht fröhlich fühle, dann trinke ich, um mir Mut zu machen.

Ich erholte mich rechtzeitig, um mein Geburtstagsessen im Old-Barn-Restaurant in St. Albans zu genießen. Meine Eltern hatten es organisiert, und ich fragte, ob ich Mark einladen könne. »Was ist mit Ray?« fragten sie, und als ich ihnen erzählte, daß unsere Beziehung beendet war, schienen sie erleichtert, denn sie hatten die ganze Zeit gemeint, er sei nicht der Richtige für mich.

Es war das erste Mal, daß Mark meine Eltern traf. Mein Dad war wie immer sehr offen und äußerst mißtrauisch wegen Marks religiöser Neigungen. »Kommen Sie nicht her, um eine Predigt zu halten. Wir wollen nichts von Ihrer Religion hier hören«, sagte er. Ich glaube, er dachte, ich sei mit einem verrückten Bibelprediger zusammen, aber Mark achtete nicht sehr darauf, und schließlich verstanden sie sich recht gut. (Tatsächlich gingen meine Eltern danach wieder zur Kirche, wenn auch Mark sich dafür keine Verdienste zuschreibt.)

Andy war nicht da: Er war nie sehr auf die Familie orientiert. Es war ein Abendessen mit Tanz, und Mark und ich tanzten zwischen den Gängen und nach dem Essen miteinander. Wir kamen so gut miteinander zurecht, und es war, als würden wir uns schon seit Jahren kennen.

Inzwischen versuchte Ray, wieder die Bühne zu betreten. Eines Freitag abends nach der Arbeit kam Mark in meine Wohnung. Da wir beide Sportfans sind, blieben wir auf, um uns die Olympischen Spiele anzusehen. Dann ging

ich ins Bett, und Mark legte sich auf die Couch im Eßzimmer.
Am nächsten Morgen rief Ray an und fragte, ob er kommen und mich sehen könne. Ich sagte ihm, daß Mark da sei, und was er da antwortete, war nicht sehr nett. Ich meinte, es sei eine gute Idee, wenn er käme und Mark kennenlernte. Ich hatte das Gefühl, daß die einzige Möglichkeit, ihm die Situation nahezubringen, war, offen zu sein und ihn damit zu konfrontieren.
Als er kam, hielt ich mich zurück, während er und Mark miteinander sprachen. Der Besuch war kurz, und Ray war von kalter Höflichkeit zu uns. Ich sagte ihm: »Ich will, daß du jetzt gehst, und bitte, komm nicht zurück.« Verbittert ging er. Doch das war immer noch nicht das Ende der Geschichte. Einige Monate danach entdeckte Mark die Worte »Heiliger Schweinehund!« in großen weißen Buchstaben auf sein Auto gesprüht. Sobald er es mir sagte, stürmte ich zu Rays Haus und bekam einen Tobsuchtsanfall. Ray leugnete immer wieder, daß er der Schuldige sei, aber ich kannte keinen anderen, der so etwas getan haben könnte.

Als Mark seine Eltern in Builth Wells anrief und ihnen sagte, daß er mich ihnen vorstellen wolle, fragte Marks Mutter, ob ich etwas bräuchte. »Nur Strohhalme«, antwortete er. Das erste, was sie tat, als ich kam, war, daß sie mich packte, um mir beim Gehen zu helfen. »Machen Sie sich keine Sorgen. Ich schaffe es«, sagte ich zu ihr und ging aufs Klo, um mich zu beruhigen. Ich war schrecklich nervös, weil ich seine Eltern kennenlernen sollte. Sein Vater war Geistlicher (ein Domherr in der Brecon Cathedral), seine Mutter Kunsterzieherin.
Er hat drei Brüder: Paul, Simon, Philip. Simon und ich sind uns recht nahe. Ich glaube, ich half ihm, seinem Leben eine Richtung zu geben: Er arbeitet jetzt mit geistig Behinderten in London.

Wir verbrachten ungefähr eine Woche bei seinen Eltern, und es ging recht gut, obwohl sie beide schockiert waren, als sie sahen, daß wir Händchen hielten und uns küßten. Offenbar hatten beide nicht erkannt, daß wir mehr waren als nur Freunde – und dabei hatte Mark schon vor mir Freundinnen mit nach Hause gebracht, und seine Eltern hatten nie angenommen, es sei eine platonische Beziehung!

Ich glaube, ich weiß, was sie wirklich »sagten«: Sie waren besorgt, daß ich mich zu sehr anklammern könnte, ihn verkrampfen, verhindern könnte, daß er beruflich vorankommt. Wie unabhängig war ich? Wieviel Zeit würde er brauchen, um sich um mich zu kümmern?

Am Anfang unserer Beziehung wollte Mark alles für mich tun, was mir immer auf die Nerven ging. Wir hatten einen Riesenkrach darüber, und ich sagte zu ihm: »Wenn du nicht lernst, mich in Ruhe zu lassen, kannst du gehen.«

Ich glaube, das machte seine Unzulänglichkeiten ebenso deutlich – die Tatsache, daß er sich nicht hinsetzen und erkennen konnte, daß ich einfach nur ein bißchen länger brauche, um bestimmte Dinge zu tun, daß ich es aber schließlich schaffen werde. Ich erinnere mich an einmal, als er mich zum Essen in seiner Wohnung in St. Albans einlud. Sein Wohnungsgenosse, der angehende methodistische Pfarrer, David, war auch da. Wir drei setzten uns zum Essen, und ich fragte Mark, ob er mir das Fleisch schneiden wolle. Er schnitt das Fleisch in winzige, babyhafte Stückchen. Ich sah ihn nur an – und dann meinen Teller und sagte: »Mein Mund ist aber genauso groß wie deiner.« Der arme Mark wurde purpurrot, und selbst sein sonst so eifriger, ernsthafter Wohnungsgenosse begann zu lachen . . .

Im September 1984 begann Mark seine dreijährige Priesterausbildung im St. Stephen's House in Oxford. Wir sahen uns nur an den Wochenenden. Oxford liegt ungefähr eine Stunde Autofahrt von Rickmansworth entfernt, und ich fuhr an einem Wochenende dorthin, und er besuchte mich am folgenden. Während des Semesters telefonierten wir fast jeden Tag miteinander.

Es war das erste Wochenende, an dem ich Mark besuchen sollte. Ich hatte keine Ahnung, was mich erwartete. In meinen Augen war St. Stephen's House ein College zur Ausbildung von Vikaren, und im Geist sah ich einen ruhigen, altmodischen, kirchenähnlichen Ort mit dunklen Räumen und Schweigegeboten vor mir.

Ich fuhr an einem Freitag nach Oxford und auf das College zu, das ein großes, altes Haus auf einem schönen Gelände in der Manston Street war, in einer Seitenstraße der belebten Cowley Road. Ich kämpfte mich eine Treppe mit ungefähr zehn steilen Steinstufen hoch zur Haustür, klingelte und wartete. Jemand – ein Student, nehme ich an – kam und führte mich in die Empfangshalle, ging dann, um Mark zu holen.

Es war gegen vier Uhr nachmittags . . . Ich war wie versteinert, nervös und voller Erwartungen. Mark erschien und führte mich in den Salon, in dem Tee serviert wurde. Es war ein langer Raum mit hoher Decke. Kleine Männergruppen standen in den Ecken, tranken Tee und flüsterten laut und ernst miteinander. Es war ein bißchen wie in einer Bibliothek. Man brachte uns auf einem Servierwagen Tee und Kekse. Wenn ich nicht so nervös gewesen wäre, hätte ich wahrscheinlich gelacht. Ich spürte, wie Lachen in mir aufstieg.

Mir war äußerst unbehaglich zumute, nicht weil ich die einzige Frau in einem Raum voller Männer war, sondern weil ich keine Ahnung hatte, was hier als akzeptable Verhaltensweise angesehen wurde (oder was nicht). Konnte man reden? – Oder fluchen? Ich war ungewöhnlich schweigsam und meiner Rolle nicht sicher.

Mark stellte mich als seine Freundin vor, und ich lernte viele nette Leute kennen. Unglücklicherweise mußte er in einen Kurs gehen und war über eine Stunde weg und ließ mich allein mit all diesen Männern.

Später traf ich mich zum Abendessen mit Mark in dem großen Speisesaal. Bevor wir uns setzten, mußten wir ein Dankgebet sprechen, aber mir war das nicht klar gewesen, und ich saß schon auf meinem Stuhl, während alle anderen noch standen. Ich war so verlegen über meinen Fauxpas, aber Mark beruhigte mich wieder.

Fisch stand auf dem Speiseplan, und die kleine religiöse Ecke in mir notierte: »Fisch am Freitag. Ich muß daran denken, wenn Mark bei mir wohnt.«

Der College-Direktor und die Tutoren saßen am vordersten Tisch; mehrere Tische standen an den Seiten des Saals, wo die Studenten saßen. Ich erinnere mich, daß ich mir bewußt war, eine der wenigen anwesenden Frauen zu sein.

Nach dem Essen gingen einige in den Red, White und Blue Pub, der gegenüber vom College liegt. Da änderte sich dann alles. Die jungen Priesterstudenten waren ganz locker angezogen, und sie tranken, rauchten Zigarren und erzählten sich vulgäre Witze – wie jede andere Gruppe von Männern. Dies war wie ein Schock für mich nach der ruhigen Atmosphäre im Teesalon.

Ich kann ehrlich sagen, daß es das erste Mal war, daß ich in einer neuen Situation war, in der so viele Menschen auf mich zukamen, zu mir sprachen und mir das Gefühl gaben, zu Hause zu sein. Wie Mark nannten mich die meisten Ally oder Al, und ich wurde fast ein Teil des College-Lebens. Immer wenn es größere Ereignisse oder Partys gab, wurde ich eingeladen, und wenn ich Mark anrief, fragten seine Freunde nach mir und ließen mich grüßen.

Mark gehörte zu einem neuen Strom von ungefähr einem Dutzend Studenten. Es war schwer, unsere Beziehung

aufrechtzuerhalten, denn obwohl ich Mark zu der Zeit schon recht gut kannte, machte er doch gerade einen Prozeß großer persönlicher Veränderung durch, und ich mußte dies zulassen.
Er wurde bestimmter in seinen Ansichten über gewisse Themen, wie zum Beispiel das Priesteramt für Frauen (er ist dagegen, ich bin dafür, eine Quelle ständiger Diskussion zwischen uns), und seine Lehrer testeten ständig seine Berufung aus. Auch ich fühlte mich verpflichtet, ihn auf meine eigene, nicht religiöse Art herauszufordern.
Mark hat immer verlangt, ich solle nur offen bleiben, was Religion angeht, und das versuche ich auch. Neugierde treibt mich dazu. Ich möchte immer gerne verstehen und Fragen stellen – und das tut Marks Glauben auch gut. Wir diskutieren über Fragen wie: »Woher können wir wissen, daß es Gott gibt?«, »Wie kann Maria eine Jungfrau sein?« – die Art Themen, die mir unverständlich sind und mit denen ich mich zur Klärung an Mark wende.
Ich sage: »Wie kann Gott ein liebender Gott sein, wenn es so viele Menschen auf der Welt mit schweren Behinderungen gibt?« Mark sagt, er kann das nicht beantworten und meint: »Dein Glaube wird dir helfen«, aber ich vermute, das ist meine größte Schwierigkeit. Ich bin ein Mensch, der gerne Ergebnisse sieht und genau wissen will, was los ist. Sonst bleiben Zweifel. Je mehr ich über Religion höre und lerne, desto mehr muß ich darüber nachdenken, und ich finde es immer noch sehr verwirrend. Ich glaube wirklich, daß es eine andere Stufe des Bewußtseins unabhängig von dieser Welt geben muß, denn wenn dem nicht so ist, dann haben manche von uns einen recht schlechten Teil abbekommen.

Mark und ich banden uns in den ersten drei Monaten unserer Beziehung aneinander. Ich spürte, ich hatte meinen Seelenpartner, meinen Lebensgefährten gefunden, und ich weiß, er hatte das gleiche Gefühl in bezug auf mich. Wir erklärten uns unsere gegenseitige Liebe und drückten sie in intimer Weise aus.

Wir mußten beide körperlichen Kontakt miteinander haben, vor allem Mark, der seine Ängste und Probleme, jemanden zu berühren, der behindert war, überwinden mußte. Obwohl er in der Theorie meine Behinderung akzeptiert hatte, ist das etwas anderes, wenn es darum geht, mit jemandem zu schlafen. Das ist auch der Punkt, der die Neugierde vieler Menschen weckt: »Können sie es tatsächlich *tun*?« Behinderte werden als Menschen betrachtet, die unfähig sind, ein befriedigendes Sexualleben zu genießen. Wir dürfen keine sexuellen Gefühle haben . . . Wie jede andere Frau war ich nervös wegen meiner ersten richtigen sexuellen Beziehung. »Wie wird es sein?« »Tut es weh?« Aber ich hatte keine Schwierigkeiten, betreffend meine Behinderung. Ich wußte, ich hatte alle richtigen Teile am richtigen Platz, und in der Beziehung gab es keine Probleme.

Da er in einer Umgebung mit ungefähr sechzig Männern und nur einer Handvoll Frauen (Köchinnen, Putzfrauen und einer Nonne) lebte, war Mark das erste Mal mit männlicher Homosexualität konfrontiert. Im Schlafblock gab es Stockwerke mit Räumen, die nach außen führten. Mark spürte, daß er einer der wenigen »normalen« (heterosexuellen) Männer auf seinem Stockwerk war, und am Anfang fand er das ein wenig erschreckend. Ich sagte ihm, er müsse lernen, damit fertig zu werden, und das tat er dann auch. Wir taten es beide. Tatsächlich freundeten wir uns in dem Maße, wie sich unsere Beziehung entwickelte, sehr eng mit den schwulen Männern im St. Stephen's House an. Außereheliche Beziehungen jeglicher Art wurden von der Kirche mißliebig betrachtet, und wir konnten uns mit der schwulen Gemeinde in ihrem Bedürfnis nach Diskretion identifizieren.

Ich hatte ein ungutes Gefühl, weil meine Beziehung zu

Mark in den Augen der Kirche akzeptabel war, Homosexuelle jedoch zu einem Leben im Verborgenen und voller Vorurteile verdammt wurden und ihnen die Rechte und Freiheiten verweigert wurden, die Heterosexuelle automatisch hatten. Mark und ich waren unglücklich über diese Doppelmoral.

Es gab auch eine Menge verdeckter Regeln. Einige der Schwulen im St. Stephen's House waren stark unterdrückt worden, begannen jedoch langsam ihr Coming out, und ich wollte sie dabei unterstützen. Es ist für alle Schwulen schwer zu sagen: »Ich bin, wie ich bin«, vor allem in dem gegenwärtigen Klima der Angst und der Feindseligkeit, das die Furcht vor AIDS verursacht hat.

Für Mark und mich war die größte Hürde immer noch die religiöse. Wenn der Mensch, den man liebt, an etwas glaubt, was über das eigene Verständnis hinausgeht, entfremdet dies die beiden Liebenden voneinander. In gewisser Weise war ich eifersüchtig auf Marks Glauben, obwohl wir zusammen am Sonntagmorgen zur Kirche gingen. Es war Teil eines Abkommens, das wir getroffen hatten, eine Bedingung unserer Beziehung: daß ich versuchen würde, meine Skepsis zu überwinden und meinen eigenen Glauben und Überzeugungen durch regelmäßigen Kirchgang zu erwerben. St. Stephen's House hat seine eigene Kirche, die dem College angeschlossen ist. Ich hatte immer Angst gehabt, zur Kirche zu gehen, weil ich das gleichsetzte damit, mich benehmen zu müssen, mich extra anzuziehen und einen Hut zu tragen. Dies war mein eigenes stereotypes Bild von christlichem Gottesdienst.

Marks Mutter machte mich darauf aufmerksam, daß die Kirche seine Geliebte werden würde. Vielleicht versuchte sie, mich davon abzubringen, ihn zu heiraten. Ich glaube, sie fand es schwer zu akzeptieren, daß ihr Sohn eine körperlich behinderte Frau lieben konnte, aber ihre Bemerkungen beeinflußten mich gar nicht – außer vielleicht, daß sie meine Gefühle für Mark noch verstärkten.

Inzwischen war ganz klar, daß Mark und Alison für immer zusammenbleiben würden. Wir vertrauten einander völlig, und wir waren beide reif genug, zwei oder drei Jahre lang auf verschiedene Colleges zu gehen, uns zu qualifizieren und danach wieder zueinanderzufinden. Jedenfalls verliebte ich mich nicht in einen Priester: Ich verliebte mich in einen Menschen namens Mark.

9

»Wenn ihr mich veräppeln wollt, dann tut es, wenn ich dabei bin!«

Im September 1985 hatte Mark ein Jahr im St. Stephen's House hinter sich, während ich meinen zweijährigen Lehrgang im Jugend- und Gemeindedienst im YMCA National College von Walthamstow, North London, begann. Dies ergab sich auf einen Vorschlag meines Chefs, Mike Hockings, hin. Mike sagte zu mir: »Schau, Alison, wenn du diese Art von Arbeit weitermachen willst, brauchst du berufliche Qualifikation.« Ich zögerte. Das wäre für mich ein großer Schritt. Schließlich hatte ich keine typische Ausbildung, keine A- und O-Abschlüsse, die für meine Schuljahre bürgten. Weitere Studien waren eine verführerische Aussicht, und ich glaubte ehrlich, daß ich zu dumm wäre, um überhaupt in die Ausbildung hineinzukommen, ganz zu schweigen davon, sie zu beenden und mich zu qualifizieren. Ich brauchte sehr viel Unterstützung von Mike, Mark und meinen Eltern. Sie alle sagten: »Mach's, Alison.«

Ich muß der einzige Bewerber gewesen sein, der jemals zwei Bewerbungsgespräche hatte. Zwei Wochen vor dem Hauptgespräch bekam ich ein Extraverhör. Ein Brief war gekommen, in dem man mich zu einem Gespräch einlud, und ich war deswegen sehr aufgeregt. Als ich hinkam, sprach ein Tutor einzig und allein über meine Behinderung und darüber, wie ich mit der vielen Arbeit und so weiter zurechtkommen würde. Damals dachte ich, daß dies ein wenig merkwürdig für ein richtiges Einstellungsgespräch sei.

Nach ungefähr einer Stunde sagte er, er würde mir schreiben und mir mitteilen, wann mein *Gespräch* stattfinden würde. Da sagte ich zu ihm: »Nun, was war denn das hier?« Er erklärte, dies sei nur eine »Plauderei gewesen, damit wir uns besser kennenlernten«. Ich meinte: »Machen Sie das mit allen voraussichtlichen Studenten?« »Nein«, antwortete er. Ich war fassungslos. Ich hatte mich umsonst aufgeregt.

Ein paar Wochen später ging ich zu dem richtigen Vorstellungsgespräch, das den ganzen Tag dauerte. Man stellte mir Fragen wie: »Was würden Sie tun, wenn in Ihrem Jugendclub eine Bande zu raufen anfinge?« Ich mußte auch im voraus schon einen Aufsatz von zweitausend Wörtern vorlegen. Thema: »Wie sehen Sie sich selbst als Jugendhelfer?« Ich hatte bereits nützliche Erfahrungen in der Jugendarbeit erworben und glaube, man konnte erkennen, daß ich talentiert war und den Lehrgang sehr gern besuchen wollte. Also wurde ich angenommen, und SW Herts gewährte mir ein volles Stipendium. In meinem Jahrgang gab es eine gute Mischung aus Studenten, ein Gleichgewicht zwischen Männern und Frauen, Schwarzen und Weißen, auch wenn ich die einzige behinderte Studentin war. In meinem ersten Jahr wohnte ich im YMCA-Gästehaus neben dem College. Zu sechst teilten wir uns das oberste Stockwerk, Karen II inbegriffen (Karen I war meine Freundin im Jugend- und Gemeindedienst), David und Joan. Ich hatte mein eigenes Zimmer, und es gab ein gemeinsames Bad und eine gemeinsame Küche.

In den ersten Wochen ging ich rechtzeitig ins Bett, und alle waren sehr ehrbar, aber allmählich, als wir uns besser kannten, wurde unser gesellschaftliches Leben recht hektisch. Unsere kleine Küche wurde ein beliebter Treffpunkt, wo wir zusammenkamen und Kaffee tranken. Manchmal schlossen sich uns andere Studenten aus unserem Jahrgang an.

Mein Zimmer lag gleich gegenüber der Küche, und deshalb waren immer *mein* Radio und Kassettenrecorder an,

und die Leute gingen ein und aus, um Kassetten zu wechseln.
Wir taten uns fürs Einkaufen und Kochen alle zusammen. Ich war die einzige mit einem Auto, und montags krochen alle hinein, um bei Sainsbury in Walthamstow einkaufen zu gehen. Karen, die um die Dreißig war, wollte Vegetarierin werden, und wir experimentierten mit vielen Gerichten wie zum Beispiel vegetarischer Lasagne mit verschiedenen Saucen herum. Wir amüsierten uns sehr dabei.
David war Ire und hatte einen starken Akzent, ich konnte ihn erst nach einer Weile richtig verstehen. Er war wunderbar und hatte immer einen Vorrat an irischen Witzen auf Lager.
Abends gingen wir oft aus, zuerst in den Pub unten an der Straße. Später, als wir abenteuerlustiger wurden, fuhren wir nach London ins East End. Wir erforschten die Bezirke der Yuppies, um Weinlokale zu finden.
Im Dezember gingen Karen und ich ins West End, um unsere Weihnachtseinkäufe zu erledigen. Ich erinnere mich, daß ich einen Tag freinahm, um zu Harrods zu gehen. Keiner von uns beiden war vorher dort gewesen, und wir liefen mit offenem Mund in dem Laden umher. Alles, was man dort ausgestellt sieht, ist so teuer und wird so schön präsentiert. Am Ende tranken wir nur einen Kaffee, kauften aber nichts.
Was ich interessant fand, war, daß die Hälfte der Leute, die in meinem College-Lehrgang waren, irgendeinen religiösen Hintergrund hatten. Es war sehr anregend, von all diesen verschiedenen Glaubensrichtungen umgeben zu sein. David war Protestant, meine Kirche war eher die »High Church« (Anglokatholisch), und Karen stammte aus der neueren evangelischen Richtung, also trug sie auch ihr Scherflein bei. Wir hatten einige heftige Diskussionen darüber, welche Aspekte bei jedem Glauben richtig, welche falsch waren, aber immer blieben wir gute Freunde.

Wie immer war das erste Semester das schlimmste. Meine Studienkollegen in meinem Jahr waren glänzend, schrieben Notizen für mich mit und halfen, meine Aufsätze zu tippen. Ich kann ein Kapitel in ungefähr einer Stunde lesen, aber wenn ich tatsächlich aufschreiben soll, was ich sagen will, so brauche ich ewig dazu, und ich stand damals unter viel Streß. Ich hatte Glück, denn meine Tutoren erlaubten mir, die meisten meiner Aufsätze auf Band abzuliefern, was mir sehr half. Der Lehrgang gründete sich auf ein System kontinuierlicher Einschätzung und bestand aus einer Kombination von Kleingruppen, Seminaren und Vorlesungen. Ich fragte mich, wohin ich da, verdammt noch mal, geraten sei. Ich vermißte Mark schrecklich. Mit Tränen in den Augen rief ich ihn an und bettelte ihn, mich zu holen. Die Tutoren gebrauchten Wörter wie »Interaktion«, »Ego« und so weiter. Es war wie eine andere Sprache, und zuerst verstand ich kein einziges Wort. Nach Jahren des Lebens in der akademischen Wildnis mußte ich plötzlich Aufsätze über Psychologie und über marxistische Theorie schreiben.
Mein persönlicher Tutor war Peter Harding, der mich wunderbar unterstützte und mir Zeit ließ, selbst zu sehen, wo ich stand und wo ich in Zukunft hingehen wollte. Er interessierte sich wirklich für mich, und ich genoß die eine Stunde in der Woche, die ich bei ihm hatte. Manche Studenten murrten und sagten: »O nein . . . Hab ich ein Tutorium? Worüber soll ich nur reden?« Ich jedoch konnte es nicht erwarten, hinzukommen und Peter zu sehen.
Zwischen uns bestand eine gute Beziehung. Wir sprachen nicht nur über die Arbeit im College. Wir redeten auch über meine Kindheit, darüber, was es hieß, behindert zu sein. Ich konnte meine Gefühle, was verschiedene Lebensbereiche anging, erforschen, und dafür schulde ich ihm eine Menge. Es war eine Stunde, in der ich an Peter Ideen loswerden konnte und wußte, daß er zuhören würde. Er drehte meine Fragen meistens um und ließ sie mich selbst beantworten.

Danach vermißte ich diese Sitzungen noch lange. Sie konnten sehr emotional sein. Manche der Dinge, die ich an mir nicht verstand, als ich anfangs ins College ging – zum Beispiel warum ich mich wütend oder enttäuscht fühlte –, wurden am Ende für mich klarer.
Manchmal ging ich zu Peter und sagte: »Ich habe genug. Ich gehe.«
»Warum willst du gehen, Alison?« fragte er dann ganz ruhig. Ich wollte den Kurs nicht wirklich aufgeben; es war nur mein Gefühl der Enttäuschung darüber, nicht immer Schritt mit den anderen halten zu können. Er ließ mich noch mal darüber nachdenken, die Situation rationaler betrachten.
Ich kompensierte meine Lernschwierigkeiten dadurch, daß ich lange aufblieb, um meine Lektüre aufzuholen. Meine Kommilitonen und ich redeten und diskutierten oft bis spät in die Nacht – über Vorlesungen, die wir am Tag besucht hatten, und über unser Studium im allgemeinen.
Wie sehr ich mich in diesen zwei Jahren veränderte! Ich ging mit mir selbst durch die Hölle. Ich erkannte allmählich, daß man mich die meiste Zeit meines Lebens betrogen hatte und mir das Gefühl gegeben hatte, wertlos zu sein, nur ein Mensch zweiter Klasse zu sein. Man hatte mich als Spätentwicklerin angesehen und behandelt. Die Gesellschaft will und fordert anerkannte Qualifikationen auf dem Papier, ein Umstand, den man mir bisher verweigert hatte (abgesehen von einigen Englischzeugnissen und Kochprüfungen von *City and Guild,* von denen keine viel Gewicht hat).
Als Heranwachsende hatte ich so viel versäumt. Ich hatte die normalen Erfahrungen verpaßt, die gesunde junge Leute machen durften: Freunde zu erwerben und zu treffen, in Discos zu gehen, viele männliche Freunde zu haben . . . Mein Leben war viel zu behütet gewesen.
Dann lernte ich Joan kennen, die meinen Horizont sehr er-

weiterte. Joan ist lesbisch. Zuerst ging es ihr sehr mies, wegen ihrer Homosexualität. Eines Abends, bald nach Anfang des Semesters, redeten wir miteinander, und sie sagte: »Alison, ich habe eine Behinderung.«
»Was meinst du?« fragte ich sie.
»Ich bin lesbisch«, antwortete sie.
»Okay«, erwiderte ich. Ich dachte nicht: Wie ekelhaft. Joan mußte gewußt haben, daß ich nicht schockiert sein würde. Sie wußte, daß einige von Marks schwulen Kommilitonen mich im College besucht hatten, und sie hatte sie kennengelernt. Ich sagte zu ihr: »Warum soll man so tun, als ob man etwas sei, was man gar nicht ist? Ich meine, in Gottes Namen, *ich* kann nicht verbergen, was ich bin, warum sollst du dann verbergen, was du bist?«
Obwohl Joan Beziehungen zu anderen Mädchen im College hatte, brauchte sie fast die ganzen zwei Jahre, um mit ihrer Homosexualität klarzukommen. Ich war der erste »normale« Mensch am College, dem sie es erzählte, und das brachte uns einander sehr nahe.
Normal . . . schwul . . . Das sind nur Etiketten. Ich glaube, daß jeder eine Phase enger Beziehungen zum eigenen Geschlecht durchlebt, die nicht notwendigerweise sexuell sein müssen. In meinem Fall hatte ich diese mit Jenny (in Lonsdale). Manchmal schliefen wir im selben Bett, wir wohnten im Haus der anderen und vertrauten einander.
Joan nahm mich in einen ersten Homosexuellen-Nachtclub mit, dem Black Cap in Camden Town, und es war eine gute Erfahrung für mich. Der Club war gesteckt voll, und alle schienen in Paaren dazusein. Ich zog mit Joan herum, und die Leute müssen gedacht haben, ich sei frei! Da war ich nun, versuchte, cool und weltgewandt zu wirken, doch mit Homosexuellen en masse zusammenzusein, war doch ein kleiner Schock für mich. Joan ging zu ihren Freundinnen, um ihnen zu sagen, sie sollten mich zum Tanzen auffordern, und als ich zur Toilette ging, fragte mich jemand,

ob er helfen könne. Joan brach in Gelächter aus, als ich es ihr erzählte!

In meinem ersten Jahr sah ich meine Eltern ungefähr einmal in der Woche, Freitagabend zum Essen. Mein Vater hatte unbedingt gewollt, daß ich den Lehrgang absolvierte, hatte sich jedoch Sorgen gemacht, ob ich körperlich fähig sein würde, mit den anderen Studenten Schritt zu halten, und darüber, ob ich intellektuell mit den Vorlesungen und so weiter zurechtkommen würde. Am Anfang hatte er das Gefühl, ich hätte mir mehr zugemutet, als ich verdauen könnte.

Die Arbeit im College war umfangreich, aber mein Geist hatte so lange gehungert, daß ich immer mehr geistige Anregung brauchte.

Es war die Art Lehrgang, die einen befähigt, das zu sehen, was man in seinem Leben nicht will und ändern möchte, und dafür bin ich recht offen. Man lernt etwas über sich selbst und wie man funktioniert, da der Grundsatz heißt, daß man nur effektiv arbeiten kann mit anderen, wenn man sich selbst kennt. Das College ließ mich mich selbst als gleichberechtigt sehen, als einen eigenständigen Menschen mit einer Stimme, die es genauso verdient, gehört zu werden, wie die aller anderen. Es ließ mich erkennen, daß ich nicht dumm bin und keine Sonderbehandlung brauche.

Da ich all diese neuen Gedanken, ein eigenständiger Mensch zu sein, hatte, wollte ich sie nun auch gerne ausprobieren, und es war eine Phase in meinem Leben, in der mein Vater mich nicht sehr mochte. Ich wurde richtig rebellisch, vor allem da ich mich als *mich* sah und nicht als »Tochter meines Vaters«. Ich glaube, er fand es ziemlich schwer, weil er mich immer dazu getrieben hatte, bestimmte Dinge zu tun, und nun sagte ich fast: »Ich brauche dich nicht mehr. Ich komme allein zurecht.«

Ich erkannte nicht, was ich tat, mir war nicht klar, wie andere reagieren könnten. Wenn ich zurückblicke, glaube ich,

ich hätte mit einigem sensibler umgehen können, aber zu der Zeit selbst hat man oft nicht genügend Abstand: Man tut nur das, wovon man glaubt, daß es richtig ist.
Diese zwei Jahre belasteten unsere Beziehung noch zusätzlich und waren für beide schmerzhaft, denn wir lieben uns und ähneln uns in vielerlei Hinsicht. Wir sind beide recht dickköpfig und haben einen starken Willen, und keiner von uns beiden ist »groß« genug, um sich beim anderen zu entschuldigen. Nach einem Streit stürmte ich einfach in meine Wohnung und sagte: »Das ist es. Ich werde nie wieder mit dir reden.« Ich sehe jetzt, daß es in vieler Hinsicht ein kindisches Verhalten war, und es ging so weiter, bis ich heiratete. Normalerweise war es Mum, die die Situation löste und nachher anrief, um sicherzugehen, daß ich okay war.
Ich glaube, ich wurde zu radikal für Mum, obwohl sie besser verstand, was ich durchmachte, denn sie ist wie ich im »Menschen-Geschäft«. Dad denkt, daß die meiste Sozialarbeit Mist ist: Er glaubt nicht daran. Da er ein praktischer Mensch ist, ist er nicht an den Jargon gewöhnt, den die Leute benutzen, und mein Lehrgang gab ihm das Gefühl, nicht dazuzugehören.
Als es um unsere Verlobung ging, wollte ich nicht, daß Mark bei meinem Vater um meine »Hand« anhielt. Ich wollte, daß Mark und ich meinen Eltern zusammen erzählten, daß wir heiraten wollten. Nachdem wir ihnen die Neuigkeiten mitgeteilt hatten, gingen wir vier zum Mittagessen ins Two Bridges, unserem Pub in Croxley Green. Mum und ich gingen zur Bar, um unser Essen zu holen, und wir ließen Dad und Mark miteinander reden, bevor sie ihres holten.
Mein Vater sagte offenbar zu Mark: »Alison ist jetzt Ihre Verantwortung. Passen Sie gut auf sie auf.« Ich bin froh, daß ich mir das nicht mitanhören mußte! Und als Dad später sagte, er würde mich Mark »übergeben«, sagte ich zu

ihm: »Ich gehöre nicht dir, also kannst du mich auch nicht weggeben.« Wir strichen diese Worte aus der Hochzeitsformel.
Ich glaube, Dad verspürte zwei widerstreitende Gefühle, was meine Heirat anging. Er war glücklich und erfreut, daß ich »versorgt« war (wie er es sah), aber gleichzeitig hatte er ein tiefes Verlustgefühl. Bis dahin hatte er sich vorgestellt, er würde immer für mich sorgen und für mich dasein. Wenn ein anderer Mann in das Leben der Tochter tritt, muß das schwierig für jeden Vater sein, und meine Behinderung machte das Loslassen sicher noch schmerzlicher.

Während meines ersten Jahres im College wohnte Andy für sechs Monate in meiner Wohnung. Unglücklicherweise trieb er mich fast zum Wahnsinn, und wir gerieten oft aneinander. Ich bin stolz auf meinen Haushalt – nicht übertrieben, ich mag nur einen bestimmten Grad an Sauberkeit –, doch Andy ist unordentlich und wollte beim Einkaufen nicht helfen.
Ich kam am Wochenende zurück und fand Stapel mit schmutzigem Abwasch, verschimmeltes Brot im Brotkasten und jenen schalen Geruch nach Menschen in der Wohnung vor.
Trotzdem war es gut, ihn eine Zeitlang um mich zu haben und damit eine Situation, die keiner jemals vorhergesehen hatte. Er hatte immer angenommen, daß man mir die Dinge auf einem Silbertablett überreichen würde und ich nie dafür arbeiten müßte. Als ich mein erstes Auto von meinem Mobilitätszuschuß kaufte, war er neidisch und sauer, weil ich das tun konnte, während er für sein Auto arbeiten mußte. Aber anstatt offen mit mir zu sein und zu sagen: »Verdammt noch mal! Das ist nicht fair«, machte er noch mehrere Monate danach spitze kleine Bemerkungen. Genauso war es, als ich meine Wohnung bekam. Er hatte

das Gefühl, daß meine Behinderung mir einen ungerechten Vorteil verschaffte.
Während meiner Sommerferien 1986 arbeiteten Mark und ich zusammen in einer Spielgruppe in Watford, die von meiner Freundin Cynthia vom Jugend- und Gemeindedienst geleitet wurde. Wir verbrachten vier Wochen dort, und es war eine harte Sache, um es gelinde auszudrücken. Wir arbeiteten nicht nur Seite an Seite, sondern lebten auch zusammen in einer Wohnung, so daß wir uns beinahe vierundzwanzig Stunden am Tag sahen.
Doch es war auch viel Spaß dabei. Wir hatten hundertfünfzig Kinder in unserer Verantwortung, alle zwischen sieben und elf Jahren alt, und ungefähr siebzig tauchten jeden Tag auf. Wir malten, spielten, erzählten Geschichten, verkleideten uns, bastelten – zum Beispiel lustige Figuren aus Toilettenpapierrollen. Wir arbeiteten zu viert zusammen: Cynthia, Mo, Mark und ich.
Wir waren in einem Gemeindezentrum – ein großes, altes Haus mit mehreren Zimmern, in denen sich verschiedene Aktivitäten in verschiedenen Gruppen abspielten, außerdem ein Altenclub. Die Kinder backten Kuchen, und wir luden die alten Leute zu einer Teeparty ein.
An manchen Tagen führten wir die Kinder in den Park ... und wir alle machten einen Ausflug in den Londoner Zoo. Die meisten kamen aus Pakistan, und der Ausflug fiel zufällig auf den Geburtstag des Propheten, ihr Weihnachtsfest. Es war der Sommer, in dem ich endlich gefirmt wurde.
Es war eine klare Wahl: Wenn ich nicht gefirmt war, konnte ich Mark nicht heiraten. Sobald ich gefirmt wäre, würde ich eine »gute Christin« sein, von der ganzen Familie akzeptiert und gemocht werden und endlich unsere Hochzeit frei planen können.
Trotzdem stellte ich weiter Fragen und hatte viele Zweifel während meines Firmunterrichts. Ich war neugierig, was den Begriff der Wunder anging, vor allem auf solche, bei

denen Jesus verkrüppelte Menschen wieder gehen ließ. Und meine Lehrerin und ich hatten so manche faszinierende Diskussion über das Priesteramt für Frauen, das sie, wie ich, befürwortete.
Im Juni 1986 trafen sich meine und Marks Eltern das erste Mal anläßlich meiner Firmung im St. Stephen's House. Ich wurde in einem Privatgottesdienst vom Erzbischof von Wales gefirmt, und fast das ganze College war anwesend.

Am Ende des Jahres spürte ich, daß ich gut zurechtkam, daß ich meine Arbeiten rechtzeitig abgab und gut gearbeitet hatte. Jeder von uns mußte sich selbst einschätzen: Man schreibt es auf, gibt es seinem persönlichen Betreuer, und er oder sie schreibt dann eine Zusammenfassung.
Meine Anwesenheit bei Vorlesungen und Tutorien war lückenlos gewesen, aber im zweiten Jahr ging es ein wenig durcheinander, vor allem wegen der Fahrerei. Ich wohnte nicht mehr im YMCA-Gästehaus, sondern wieder in meiner Wohnung in Rickmansworth (Andy lebte wieder bei Mum und Dad). Dank der jetzt fertigen M25 konnte ich zum College fahren, aber ich brauchte hin und zurück je eineinhalb Stunden (fünfzig Minuten, wenn der Verkehr weniger dicht war).
Zu Beginn meines zweiten Jahres wurden alle zu einem Praktikum geschickt, und nach den Sommerferien ging man direkt zu seinem Praktikumsplatz. In meinem Fall war es Winchester, wo ich drei Monate verbrachte. Andere Studenten waren in Schottland, Wales oder den Midlands . . .
Winchester lehrte mich eine Menge über mich selbst. Ich kannte niemanden dort, deshalb mußte ich allein eine Wohnung finden und den Tutor aufsuchen, der mir zugeteilt war – eine Frau namens Hilary Robinson, die beim YMCA des Ortes arbeitete.
Ich fand Unterschlupf beim YWCA, einem alten, verfallenen Haus in einem kleinen Dorf mit einer Kirche und eini-

gen Läden nicht weit vom Stadtzentrum. Wir waren ungefähr fünfundzwanzig, die dort wohnten, Frauen und Männer. Duncan und Mark fuhren mich dorthin in zwei Autos voller Sachen: meine Musik (Tonbänder und Kassettenrecorder), Kleider, Collegemappen, Schreibmaschine, Fotos und nicht zu vergessen Winnie, mein Maskottchen.

Ich kam mit Mark und Duncan im Schlepptau an. Wir entluden die Autos und trugen meine Sachen in mein neues Zimmer, das zwei Einzelbetten enthielt. Ich erinnere mich, daß ich mich umsah und dachte: Ich muß hier drei Monate bleiben! – und mich einsam fühlte und Angst hatte. Eine große Welle der Panik überfiel mich, weil man mich allein ließ. Immer wenn ich in einem neuen Bereich anfange, habe ich wieder das Gefühl, nicht zurechtzukommen.

Ich kann mich erinnern, daß ich mit Mark und Duncan zum Parkplatz ging und Mark nicht gehen lassen wollte. Ich war in Tränen aufgelöst, als ich sie davonfahren sah, und dachte: Um Gottes willen, Alison, reiß dich zusammen.

Ich ging wieder hinauf in mein Zimmer und beschloß, auszupacken und es wie mein Zimmer aussehen zu lassen. Den größten Teil des Abends verbrachte ich damit, es nett und wohnlich zu machen. Es war ein Zimmer mit Selbstversorgung; deshalb ging ich nach einer Weile in die Küche, um mir etwas zu kochen: gebackene Bohnen auf Toast. Ich dachte: Ich kann doch nicht die nächsten drei Monate von Bohnen auf Toast leben! Eines Abends traf ich Tom, der hier lebte. Er war schwul. Er war von Liverpool gekommen, um Arbeit zu finden, und hatte einen Job im Krankenhaus des Ortes. Wir kamen auf Anhieb gut miteinander aus, und etwas sagte mir, daß er schwul sein könnte. Sobald er erkannte, daß ich keine Probleme in der Hinsicht hatte, konnte er ganz frei mit mir darüber sprechen, und wir wurden dicke Freunde.

Ich verliebte mich in Winchester. Es ist eine schöne Stadt, und mir gefielen die Geschäftsstraßen – ich verbrachte viel

Zeit mit Einkaufen . . . Ich bin der Typ Mensch, der, wenn er sich wohl fühlt, sich etwas Schönes kauft.

Mein Projekt umfaßte das Ausprobieren dessen, was ich im vergangenen Jahr am College gelernt hatte, und ich hatte vier Aufgaben: 1) Gemeindestudien, 2) Leitung und Verwaltung, 3) Arbeit mit Einzelpersonen, 4) Gruppenarbeit. Dies sind die vier Grundbereiche, über die jeder Jugendarbeiter Bescheid wissen sollte.

1. Studium der Gemeinde: Dies war im großen und ganzen ein Studium der gesamten Gemeinde, also des Dorfes, in dem ich lebte. Wo arbeiteten die Leute, wie viele hatten ein eigenes Haus, wie viele lebten in Sozialwohnungen, was für Möglichkeiten gab es für Jugendliche (gab es Clubs für Mütter mit Kleinkindern?), war es ein Einzugsgebiet? Gab es viel mutwillige Zerstörung? und so weiter.

2. Leitung und Verwaltung: Dies beinhaltete, herauszufinden, wie das Finanzsystem des YMCA funktionierte; wie man das Personal, Komitees und die Mitglieder anleitete; wie man täglich ein Gebäude verwaltet. Dies war nützlich und hilft mir jetzt in meiner Arbeit als Jugendhelferin.

3. Arbeit mit Einzelpersonen: Ich mußte einen Jugendlichen aussuchen und die Bereiche einschätzen, in denen ich das Gefühl hatte, daß ich ihm helfen konnte, diese zu entwickeln. (Ich wählte ein junges Mädchen.)

4. Gruppenarbeit: Diesen Teil mochte ich am meisten. Ich arbeitete mit einer Gruppe von ungefähr achtzehnjährigen Jugendlichen, und ich kann mich an einen Vorfall erinnern, der mir einige Probleme aufgab. Sie waren oben im Café des YMCA und blickten auf mich herunter, während ich draußen daherkam. Ich sah sie alle im Kreis dasitzen und aus dem Fenster starren und sich lustig machen. Als ich das Gebäude betrat, hörte ich einen von ihnen sagen: »Hier kommt der Spasti.« Ich sagte mir, ich solle nicht darauf achten, aber als ich hinauf zum Café ging, beschloß ich, sie di-

rekt anzugehen. Die anderen Teilzeitarbeiter fühlten sich offensichtlich unwohl über das, was da vor sich ging, und waren sich unsicher, was zu tun sei.

Los, dachte ich, und während ich tief durchatmete, sagte ich: »Wenn ihr mich veräppeln wollt, dann tut es, wenn ich dabei bin, und nicht hinter meinem Rücken . . . Okay?« Tödliches Schweigen. Alle blieben in Verteidigungsstellung.

»Schaut, ich bin behindert«, fuhr ich fort. »Ich habe CP. Ich kann mich setzen und darüber reden, wenn ihr es wollt.« Pause. »Also, was ist denn CP?« fragte jemand. Ich erklärte es ihnen. Ich vermeide den Ausdruck »Hirnschädigung«, weil Jugendliche sich gerne daran festbeißen und fragen: »Heißt das, daß Ihr Hirn nicht funktioniert?«

Danach kamen meine Mitarbeiter zu mir und sagten: »Gut gemacht. Das muß ihnen ganz schön viel Dampf genommen haben.« Und so war es – denn ich mag keine Feindseligkeiten und keine üblen Gefühle. Bei mir funktioniert die direkte Konfrontation am besten. Es ist nur eine Art, wie ich in solchen Situationen zurechtkomme. Ich sage: »Wenn du wissen willst, was mit mir nicht stimmt, frag«, und in neun von zehn Fällen wird man fragen, und dann kann ich eine Diskussion in Gang setzen. Ich lehre sie, was CP bedeutet, und das reißt Schranken nieder und hilft, Beziehungen aufzubauen.

Sobald sie wissen, was los ist, können Jugendliche ganz schön einen beschützen wollen. Es ist interessant, daß, lange nachdem ich Winchester verlassen und den Kontakt mit dieser Gruppe verloren hatte, sie die Leute immer noch fragten, wie es mir ging und was ich machte.

Winchester liegt nicht so weit von Oxford weg, und jedes dritte Wochenende fuhr ich hin, um Mark zu besuchen. Meine zwei Jahre im YMCA-College waren eine gute Prüfung für unsere Beziehung. Wir waren beide die ganze Woche über in unterschiedlichen Institutionen, studierten viel, hatten wenig Geld, machten persönliche Veränderungen durch und trafen uns dann, um neue Ideen zu diskutieren. Ich weiß nicht, wenn ich zurückblicke, wie wir die Zeit geschafft haben, aber wir haben es – und das Band zwischen uns wurde im Ergebnis immer stärker.

Ich mußte auch meine Abschlußarbeit vorbereiten. Als Thema wählte ich »Sex und Behinderte«, denn ich war mir immer stärker des weitverbreiteten Mangels an Wissen und Information über dieses Thema bewußt geworden. Ich ging in Schulen und Colleges und befragte Lehrer, Angestellte, Schüler und Eltern.

Viele Leute zögerten, offen mit mir zu sprechen, was die Aufgabe für mich sehr kompliziert machte. Behinderte selbst bestätigten meine schlimmsten Befürchtungen: daß es in Sonderschulen und Anstalten keine Privatsphäre gibt, daß keine Sexualerziehung vorgesehen ist, daß es keinen »Raum« gibt, um sexuelles Verhalten zu lernen oder einzuüben und auch keine Beratungsmöglichkeiten, um ihnen zu helfen, mit ihren Emotionen fertig zu werden.

Das Pflegepersonal in Colleges für Behinderte ist nicht dafür ausgebildet, mit sexuellen oder emotionalen Bedürfnissen zurechtzukommen. Die Betreuer sind verlegen, wenn sie Behinderte zusammen ins Bett schicken sollen, aber man könnte sie dazu ausbilden, damit umzugehen. Was für ein Recht haben sie, irgend jemandem auf diese Weise sexuelle Erfahrungen zu verwehren? Zu sagen: »Nein, ich werde dich nicht aus dem Stuhl und in das Bett von X heben«, ist falsch. Es bestraft den Menschen für seine Behinderung.

Ich fand heraus, daß diese Weigerung meistens damit zusammenhängt, wie der Gesunde seine eigene Sexualität sieht: Wenn sie sich nicht in Einklang mit ihrer Sexualität befinden, fühlen sie sich unbehaglich, mit der anderer Menschen zurechtkommen zu müssen.

Aus meinen Forschungen schloß ich, daß, obwohl ich das Gefühl hatte, daß sich die Situation allmählich verbesserte,

»es eine breite Akzeptanz in der Gesellschaft geben muß, bevor Behinderte auch als sexuelle Wesen gesehen werden.«

Ich bin kein Experte, aber ich spüre, daß mehr getan werden muß, um Pfleger, Eltern und Lehrer zu diesem Thema zu beraten, da sie es sind, die die Weigerung aussprechen. Sex und Behinderte sind immer noch ein Tabubereich. Ich nehme an, das gleiche gilt auch für Mark, der seine Furcht, mich als sexuelles Wesen zu berühren, überwinden mußte. Es ist wie damals, als er mich zuerst nur auf die Stirn küßte. Wahrscheinlich fragte er sich: Kann sie richtig küssen? Wird sie reagieren?

Ich habe mich bei bestimmten Stellen unbeliebt gemacht, so zum Beispiel bei manchen Leuten, die für die Spastiker-Gesellschaft arbeiteten und die sagten, daß ich nicht herumlaufen und Behinderte ermutigen sollte, vor der Ehe sexuellen Verkehr zu haben.

Sie dachten, ich überschritt die Grenze in einem Vortrag, den ich vor einer Gruppe von Sozialarbeitern vor einiger Zeit hielt. Man hört die Dinge dann erst hinten herum. Leute rufen einen an und sagen: »Mir gefiel der Vortrag/der Film, aber das war ein bißchen stark, oder?«

Aber *einer* muß ja offen sein, da die meisten Leute keine Ahnung haben, was in Anstalten vor sich geht.

Mein Vater sagte immer: »Sag, was du glaubst.« *Er* tut es, und ich glaube, ich habe es von ihm.

Ich gerate in viele Schwierigkeiten, und das ist eines meiner Probleme: Wenn ich wegen irgend etwas leidenschaftlich erregt bin, kann ich nicht davon lassen. Es kann eine Stärke, aber auch eine Schwäche sein. Wenn man nicht weiß, wann man aufhören muß, können die anderen die Nase voll bekommen und nicht mehr zuhören. Andererseits, wenn man die Dinge, von denen man glaubt, daß sie falsch sind, nicht in Frage stellt, hat man innerlich ein schlechtes Gefühl.

Mark und ich mußten den Bischof von Swansea und Brecon wegen unserer Heirat sprechen. Nachdem er seine förmliche Zustimmung gegeben hatte, fragte er mich nach meiner Arbeit, und ich erzählte ihm von dem Lehrgang, den ich am YMCA-College machte; dabei erwähnte ich, daß ich einen Monat lang im Rahmen dieses Lehrgangs im Ausland leben müßte. Swansea und Brecon sind Partnerdiözesen von Wyoming in den USA, und der Bischof nannte mir einige Kontakte dort, vor allem Kinderheime. Ich schrieb sie an, und Ostern 1987 arbeitete ich schließlich in einem kirchlichen Heim in Laramie mit Kindern, die man sexuell und geistig mißbraucht hatte. Es war eine Art Zwischenstation, wo sie maximal zwanzig Monate bleiben konnten, und es gab ein Rehabilitationsprogramm, vor allem Einzeltherapie, aber auch Gruppensitzungen, die von einer wunderbaren Frau namens Robin geleitet wurden, von der ich eine Menge lernte.

Es waren harte, erfahrene Kinder zwischen zwölf und siebzehn Jahren. Jedes hatte sein eigenes Programm, eigene Ziele, die es erreichen mußte. Schließlich kamen einige wieder zu ihren Familien; andere wurden in Pflege gegeben oder adoptiert. Für mich war es eine recht traumatische, spannungsgeladene Erfahrung, und ich war bestürzt zu sehen, wie schwierig es war, eine Beziehung mit diesen jungen Leuten aufzubauen, da sie so wenig Vertrauen aufzuweisen schienen.

Mark kam mit mir, und wir wohnten beim Dekan von Wyoming, seiner Frau Stella und seiner Tochter Mollie in ihrem großen Vierzimmerhaus in Laramie im Staate Wyoming.

Eines Tages flogen wir mit dem Bischof von Wyoming in seinem eigenen viersitzigen Flugzeug mit. Der Bischof fragte Mark, ob er mal fliegen wolle. Ich saß hinten und dachte: Bitte nicht! Wir schaukelten ein wenig, und bei ungefähr fünftausend Fuß schlug der Bischof vor, Mark solle das Flugzeug »geradestellen«. Plötzlich schoß der Schwanz des Flugzeugs hoch, und mir wurde schlecht. Man hörte mich hinten stöhnen. »Ich glaube, ich sollte wohl besser übernehmen, Mark«, meinte der Bischof.

Wir waren eine halbe Stunde in der Luft. Im Gegensatz zu Mark gefiel mir das Erlebnis gar nicht.

Wir beide nahmen kräftig zu von den riesigen Frühstücks mit Pfannkuchen und den Brunches, und wir lernten einige nette Menschen kennen, bei denen wir uns willkommen fühlten. Mollie, die Tochter des Dekans, stellte uns Freunden vor, und zusammen erforschten wir die Bars der Umgebung. Meine Behinderung war in Wyoming kein Problem. Die Leute dort schienen Behinderungen viel mehr zu akzeptieren. Wie in Kanada, war es dort sehr leicht, in Gebäude hineinzukommen, viel leichter als bei uns in England. Es gab Zeichen, auf denen »Bitten Sie um Hilfe« stand, und die meisten öffentlichen Gebäude, wie Banken und Büchereien, hatten Rampen.

Wyoming war so etwas wie eine Zeit des Scheintods, ein Block konzentrierter, gemeinsam verbrachter Zeit, und das war uns damals sehr wichtig. Es waren nur noch ungefähr zehn Wochen bis zu unserer Hochzeit, und sobald wir wieder zu Hause waren, begann der Affenzirkus. Ich fand all das Hin- und Zurückfahren von und nach London sehr anstrengend, und ich war zu müde, um gesellig zu sein.

Es gab Wochen, da redeten wir nicht viel, und je näher Marks Examen rückte, desto empfindlicher wurde er. Er putscht sich innerlich immer vor Sorgen auf, und ich mußte mit allem, was ich sagte, sehr vorsichtig sein.

Ich kann mich an einen Riesenkrach erinnern. Duncan (unser Trauzeuge) war damals da, und Mark sagte etwas zu mir wie: »Wenn wir verheiratet sind, gehörst du mir.« Ich war so wütend, daß ich meinen Verlobungsring auf den Boden schleuderte, in mein Zimmer stürmte und die Tür zuknallte.

Ich hatte meine negative Einstellung der Ehe gegenüber im Lichte meiner Beziehung mit einem zukünftigen Priester verändern müssen. Ich wußte, es gab keine Möglichkeit, mit Mark als Priester zusammenzuleben, ohne verheiratet zu sein. Weder die Kirche noch die Leute in der Gemeinde hätten das hingenommen.

Wir wußten, wir wollten zusammensein, aber ich war unsicher, was den Umzug nach Wales anging, das so weit von zu Hause weg lag. In Watford war ich an eine passende, angenehme Umgebung gewöhnt gewesen: Freunde, meine Eltern – und ein garantierter Arbeitsplatz. SW Herts hatte versprochen, mich wieder in Teilzeit einzustellen, wenn mein College-Lehrgang beendet wäre. All diese Vorteile, diese Sicherheiten aufzugeben und nach Wales zu ziehen, wo ich niemanden kannte, war keine leichte Entscheidung für mich.

Ganz tief in mir jedoch zweifelte ich nie an meiner Liebe zu Mark. Es kam mir einfach nicht in den Sinn, daß unsere Beziehung schiefgehen könnte. Wir wußten, wir waren füreinander geschaffen. »Im Himmel geschaffen«, wie Mark sagt! Ich weiß nicht, ob ich dem zustimme, aber es macht ihn eben glücklich!

10

Ich werde vom Bischof erwähnt – und getraut

Mark und ich wollten unbedingt so schnell wie möglich heiraten, nachdem wir das College abgeschlossen hatten, damit wir unser Leben in der Pfarrei von Treboeth in Swansea zusammen als Team beginnen konnten. Als das Ende des letzten Semesters näher rückte, waren alle Hochzeitsvorbereitungen im Gange. Spannungen traten auf, und alle Nerven waren angespannt. Ich wohnte noch in meiner Wohnung, fuhr zum College, versuchte, meine Abschlußarbeit fertig zu machen und auf alle Abschiedspartys zu gehen. Mark war noch in Oxford und gewöhnte sich langsam an die Tatsache, daß nach sieben Jahren des Studiums und des Herumhängens er tatsächlich sich seinen Lebensunterhalt verdienen müßte.

Mum und ich waren damit beschäftigt, die Ausstattung für die Brautjungfern auszusuchen (Laura und Louise Davies, Töchter meiner Freundin Cynthia, die ich auf demselben Seminarwochenende wie Mark kennengelernt hatte. Laura ist unser Patenkind), Blumen, Kuchen, meine Frisur, meine Schuhe und das Kleid. Wir sahen uns Hunderte von Kleidern an, bei manchen war der Preis lächerlich überhöht, und das endlose Anprobieren machte mich schwindlig.

Mum und ich wurden hysterisch, als es darum ging, die richtigen Schuhe auszusuchen. Wir brauchten ewig dafür. Wir konnten keine finden, die auch nur im entferntesten passend waren, und wir hatten Visionen, in denen ich in Stiefeln zum Altar schritt! Zuerst mußte man sich grundsätzlich zwischen hohen Absätzen und Riemchenschuhen entscheiden, aber beide konnte ich an meinen Füßen nicht

halten. Ungefähr zwei Wochen vor der Hochzeit fanden wir ein Paar, das paßte, und sie sahen wunderbar aus.
Wenn ich meinen Willen, was das Kleid anging, bekommen hätte, hätte ich keinen Schleier getragen, und anstatt eines langen weißen Kleides hätte ich ein rotes gewählt. Aber ich dachte: Nein, das kannst du Mum nicht antun. Außerdem: Wenn man einen Priester heiratet, muß man sich ein wenig vorsehen. So schlossen wir einige Kompromisse, doch ich bekam meinen Willen zum Beispiel, als es um die Wahl des Hochzeitsempfangs ging; Dad sollte mich nicht »übergeben«. Das Wort »gehorchen« wurde auch gestrichen (ich versprach, zu lieben und zu ehren, doch der Gehorsam fiel weg).
Mitten in dem Trubel vor der Hochzeit traf eine Speditionsfirma in meiner Wohnung ein, um meine Sachen mitzunehmen. Vorher hatten wir Marks Sachen von Oxford in meine Wohnung bringen müssen, und nun kamen die Umzugsmänner und leerten die Wohnung vollständig und brachten ihren Inhalt in unser neues Heim in Swansea.
Ungefähr einen Monat vor unserer Hochzeit lebte ich wieder bei meinen Eltern. Ich war noch auf dem College, als Mark sich als Teil seiner Vorbereitung für die Ordination zurückzog. Ich war ziemlich sauer, daß er weg war und mich mitten in dem Trubel allein gelassen hatte, und ich dachte, er hätte alles auch etwas besser timen können!
Vor Marks Ordination kamen meine Trauzeugin Cynthia und ihre zwei kleinen Mädchen mit mir in das Haus in Swansea. Dann erschienen meine Eltern. Alles war ziemlich chaotisch, denn es ist nur ein kleines Haus. Meine Eltern schliefen oben in unserem Schlafzimmer. Cynthia, Laura und ich schliefen auf der Couch unten, und Louise rollte sich in einem Armsessel zusammen.
Am Sonntag fuhren wir alle in meinem Auto nach Brecon zu Marks Ordination in der Kathedrale. Mark wurde von Bischof Benjamin zum Priester geweiht, dem Bischof von

Swansea und Brecon, der uns drei Wochen später auch traute. Die Feier dauerte zwei Stunden, und ich trug ein modisches, sportliches schwarzweiß gestreiftes Kostüm mit passenden Strümpfen und Schuhen und dreieckige Ohrringe. Ich fiel inmitten all der Hüte und der Blümchenkleider auf. Der kindische Teil in mir fühlte sich wohl immer dazu getrieben, die Leute zu schockieren. Ich hoffe, daß sie so beschäftigt mit dem sind, was ich trage, daß sie meine Behinderung vergessen.

Der Bischof erwähnte mich in seiner Predigt. Ich saß in der ersten Reihe, und er winkte mir zu, und ich winkte zurück. Alle machten sich danach über mich lustig. »Oh, vom *Bischof* erwähnt, nicht wahr, Alison?« Ich mag Bischof Benjamin sehr gern – oder Binnie, wie ihn seine Freunde nennen. Nach seiner Priesterweihe kehrte Mark nach Swansea zurück, um einige Wochen in der Pfarrei zu arbeiten, bevor wir heirateten.

Mein Vater stimmte das Klavier von Jean Groome, die für den *Watford Observer* schreibt, und sie war sehr interessiert, über unsere bevorstehende Hochzeit zu hören; sie fragte, ob sie einen Artikel über uns schreiben könne. Dann rief sie Ann Paul an (die Produzentin von *Forty Minutes*) und erzählte ihr, daß ich heiraten würde. Darauf rief Ann mich an. Ich erkannte, daß, sobald Ann von meiner Hochzeit wußte, eine gute Chance bestände, daß noch ein Film gedreht würde.

Ungefähr zwei Tage vor der Hochzeit kreuzte ein Filmteam auf. Ann Paul setzte sich mit Mark und mir auf das Sofa im Wohnzimmer und interviewte uns beide. Danach diskutierten wir alle Vorkehrungen, betreffend die Dreharbeiten zur Hochzeit selbst. Es war alles ziemlich eng, denn die Zeit war kurz.

Mark fuhr zu Duncan (unserem Trauzeugen), wo er die Nacht vor der Hochzeit verbrachte. Ich blieb mit meinen Eltern zu Hause. Ich erinnere mich, daß ich Mark an unserem

Hochzeitsmorgen anrief, nur um zu wissen, wie er sich fühlte, und er sagte: »Nun, *mir* geht es gut, aber Duncan ist ein einziges Nervenbündel.« Also erwiderte ich: »Um Gottes willen, beruhige ihn.« Mark und ich hatten das ganze vorher ausgekocht und erfunden, daß Duncan der Star wäre. Wir hatten behauptet, man würde seine ganze Rede aufnehmen, und er machte sich Sorgen wegen der Fernsehkameras dort.

Wir wurden in der Allerheiligenkirche in Croxley Green am 11. Juli 1987 um zwei Uhr nachmittags getraut. Duncan, Mark und einige der mitwirkenden Priester waren recht früh in der Kirche angekommen. In der Zwischenzeit waren die zwei Brautjungfern und ich um zehn Uhr beim Friseur gewesen. Sue, meine Stammfriseuse vom *Total Look,* machte mir das Haar. Einige der anderen Kundinnen überreichten mir Hochzeitskarten, und es herrschte eine schöne Stimmung.

Zwei Uhr rückte näher. Christopher, der Brautführer (Marks zweiter Cousin) kam an, die Brautjungfern zogen sich um, *ich* zog mich um ... Dann waren nur noch Dad und ich im Haus, und ich sagte: »Dad, sehe ich gut aus?« ... »Bist du sicher?«

Als ich die Haustür öffnete und auf die Straße hinausging, stand Ann Paul dort. Ich mußte lächeln, denn Ann scheint bei jedem großen Ereignis meines Lebens dabeizusein. Wo immer was los ist, Ann muß in der Nähe sein.

Sie folgte mir und Dad in die Kirche. Als wir dort ankamen, mußte ich zur Seite treten, um dem Bischof und den mitwirkenden Priestern Platz zu machen, von denen einer Marks Collegefreund war. Binnie blieb stehen, um mir einen Kuß zu geben, bevor er, gefolgt von all den Priestern, in die Kirche ging. Dann hörte ich die ersten Noten unseres Eröffnungspsalms »Unser Herr regiert«, und mein Magen tat einen Sprung. Ich stand vor der großen Holztür und fühlte mich, als müßte ich ohnmächtig werden. Ich spürte alle möglichen Gefühle durch meinen Körper jagen, und ich erinnere mich, daß ich der langen Prozession aus Priestern in ihren Gewändern folgte und dabei dachte: »Er soll bloß dasein und auf mich warten. Wenn nicht, bringe ich ihn um.« Aber er war da, und sobald er sich umdrehte und ich sein großes, strahlendes Gesicht sah, wußte ich, alles würde gut werden.

Der Gottesdienst war eine Hochzeitsmesse mit Weihrauch, Abendmahl, dem ganzen Ritual. Wunderbar! Ich hatte Mark die Wahl der meisten Lieder überlassen, und er hatte den Hochzeitsgottesdienst in einem kleinen Büchlein aufgezeichnet.

Alle sangen so schön, die Brautjungfern waren wundervoll, es war toll. Ungefähr dreihundert Leute waren da, eingeschlossen die sieben Priester, der Bischof, der Dekan und ein ganzes Fernsehteam. Das BBC-Team von *Forty Minutes* war da, und in ihrem letzten Film, der im März 1988 gesendet wurde, zeigten sie Ausschnitte aus dem Gottesdienst. Um ehrlich zu sein, ich bemerkte die Lichter und die Kameras kaum. Ich war viel zu beschäftigt mit der magischen Erregung des Festes, und schwebte in meine eigene kleine Welt davon. Manche Teile der Messe weiß ich einfach nicht mehr. Ich sah alles wie durch eine Art Nebel.

Ann Paul und ich hatten alles im voraus ausgearbeitet, damit die Kameras so unauffällig wie möglich sein würden. Sie und ihr Team wußten, wie wichtig es war, daß sie bei dem Ganzen mit Mark und mir zusammenarbeiteten. Schließlich hatte ich vor, nur einmal zu heiraten, ohne Wiederholungen!

Danach, als ich den Gang mit Mark herunterkam, sahen alle so glücklich aus, und es war gut, ihre lächelnden Gesichter zu sehen. Wir gingen in den Garten und ließen uns oft fotografieren; es schien ewig zu dauern.

Dann wurden Mark und ich zum Empfang in Watersmeet gefahren, einem Freizeitzentrum in Rickmansworth mit mehreren Sälen und einer Bar. Wir hatten achtzig Gäste eingeladen, und wir standen beide am Ende des Saales und schüttelten Hände, als alle hereinkamen, und wir stellten sie unseren Familien vor. Wir mischten uns eine Zeitlang unter sie, bevor wir uns zu einem Essen mit drei Gängen setzten, ein herrliches Mahl mit einer Vorspeise aus Suppe oder Fruchtsaft, einem Hauptgericht aus gebratenem Hähnchen, Bratkartoffeln und Gemüse und einem Dessert aus Schwarzwälder Kirschtorte oder Obstsalat. Natürlich mit Champagner.

Dann kamen die Reden. Duncan hielt seine, und ich beobachtete, wie sich die Kameras auf ihn richteten. Armer Kerl, dachte ich. Er war so nervös, aber er machte es sehr, sehr gut.

Mark sagte ein paar Worte, gefolgt von Dad, und dann von mir. Ich dankte nur den Brautjungfern, Cynthia, ihrer Mum (weil sie mir bei allem so geholfen hatte), Marks Mutter (weil sie den Kuchen gebacken hatte) und John, einem Freund, der die Disco am Abend organisierte (sein Hochzeitsgeschenk an uns).

Die ganze Zeit waren Kameras dabei, doch das Team war sehr umsichtig und hielt sich im Hintergrund.

Wir hatten kurze Flitterwochen: zwei Nächte in teuren Hotels. Duncan und Simon Fricker hatten für uns im Windsor Castle Hotel gebucht – es war *ihr* Geschenk. Mark fuhr uns in meinem alten Datsun hin, den sie mit Blechdosen, Packpapier, roten Ballons und Rasiercreme auf der Windschutzscheibe verunstaltet hatten, auf der stand »Reverend und Frau«.

Man zeigte uns unser Zimmer, und dort stand vor uns ein schönes, riesiges Bett auf vier Pfosten, außerdem eine Flasche Champagner und eine Schachtel Schokolade. Wir zogen uns aus und gingen ins Bett, freuten uns auf unseren Champagner. Mark wickelte das Silberpapier ab, der Korken ging hoch, die Flasche fiel herunter . . . und uns blieb

nur noch ungefähr ein Glas von dem Zeug. Wir konnten einfach nicht aufhören zu lachen.
Am Morgen bekamen wir ein schönes traditionelles englisches Frühstück, das uns auf einem Silbertablett ans Bett gebracht wurde.
Später fuhren wir nach Marlborough und besichtigten das Dorf Avebury, wo wir die berühmten neolithischen Steine des Avebury Circle sahen. Wir verbrachten unsere zweite Nacht im Ivy House Hotel in Marlborough. Das Wetter war wunderbar, und am nächsten Morgen saßen wir draußen vor unserem Hotelzimmer und frühstückten auf der Veranda.
Das waren die zwei schönsten Nächte meines Lebens. Wir konnten nicht länger fortbleiben, denn wir mußten in unser neues Haus in Swansea zurückkehren. Es waren noch Unmengen von Schachteln und Kisten auszupacken, ganz zu schweigen von all den Hochzeitsgeschenken.
Mir würde es nichts ausmachen, den richtigen Hochzeitstag zu wiederholen, doch nicht die Vorbereitungen, denn die waren ein Alptraum. Ich wußte jedoch, daß, sobald wir verheiratet wären, es keine einsamen Wochen, keine langen Trennungen mehr geben würde. Wir würden immer zusammensein.

Nach unserer Hochzeit ließen wir uns im Pfarrhaus, unserem neuen Haus in Swansea nieder. Ann Paul rief mich an, bald nachdem wir angekommen waren, und sagte, sie müsse noch mehr filmen, um einen Dokumentarfilm für *Forty Minutes* zu machen. Also kam sie mit dem Filmteam zu uns, und ungefähr sechs Monate lang lebten Mark und ich mit dem Team zusammen.
Wir hatten vereinbart, daß, wenn ich wüßte, daß etwas Aufregendes in meinem Leben geschehen würde, ich Ann anrufen sollte, und sie käme dann, um zu drehen.
Als ich mich für eine Stelle beim YMCA von Neath bewarb,

rief ich Ann pflichtbewußt an und sagte ihr, wann ich mein Vorstellungsgespräch hätte. Zuerst war ich nicht sicher, ob ich sie dabeihaben wollte oder nicht, da ich nicht wollte, daß die Kameras das Ergebnis beeinflußten, aber nachdem ich am Telefon mit ihr darüber geredet hatte, kamen wir überein, daß, wenn sie mich nur beim Hineingehen und nachher beim Herauskommen filmen würde und nicht beim Vorstellungsgespräch selbst, es auch ginge. Ann rief beim YMCA an und klärte alles mit ihnen ab.

Der besagte Termin war die Bewerbung für das Amt des Generalsekretärs. Es war ein Posten, der etwas über meiner Qualifikation lag, aber ich wollte mich trotzdem gern dafür bewerben. Ich wurde aus einer ganzen Reihe von Kandidaten ausgewählt, und das freute mich.

Das Gespräch dauerte ungefähr eine Stunde, und ich glaube nicht, daß ich jemals in meinem Leben so hart gearbeitet habe. Ich fühlte mich danach völlig ausgelaugt, obwohl ich gleichzeitig das Gefühl hatte, meine Sache gut gemacht zu haben.

Leider bekam ich den Job nicht, und das ärgerte mich zuerst, aber bald kam ich wieder ins Lot. Ich hatte einfach nicht die Erfahrung mitgebracht, die sie brauchten. Ann filmte mich auch, wie ich Vorträge in der Volksschule des Ortes hielt, was ich schon eine ganze Weile tat. Ich wurde auch beim Einkaufen mit Mark gefilmt und in anderen Situationen, und alles zielte darauf hin, mein neues Leben in Swansea vorzuführen, das völlig anders war als das Leben in Watford. Nachdem es vorbei und der Film geschnitten war, fuhren Mark und ich nach London, um die Vorpremiere zu sehen. Wir begaben uns nach Kensington House (dem Gebäude der BBC) in der Nähe von Shepherd's Bush, wo wir Ann wiedertrafen und uns den Film ansahen. Mark war den Tränen nahe, und ich war auch recht aufgewühlt.

Im Zusammenhang mit *I, Alison* (in der Serie *Forty Minutes*), die am 9. März 1988 gesendet werden sollte, überredete man mich, *Wogan* zu drehen. Ich hatte Vorbehalte, in einer Live-Sendung zur Hauptsendezeit zu erscheinen, aber einer der Journalisten kam nach Swansea, und wir diskutierten über das Ganze – wie ich im allgemeinen zurechtkäme und welche Fragen gestellt würden.

Wir fuhren mit dem Zug nach London, alle Ausgaben wurden bezahlt, und wir wohnten im Kensington Hilton Hotel (in der Nähe von Shepherd's Bush). Mark verliebte sich in dieses Hotel, weil wir in unserem Zimmer eine automatische Gin-und-Tonic-Maschine, die auf Knopfdruck funktionierte, hatten. Als wir im BBC-Vorführkino am Shepherd's Bush Green ankamen, zitterten mir im wahrsten Sinne des Wortes die Knie; ich dachte: Verdammt, Alison, was tust du hier? Wir wurden wie VIPs herumgereicht. Zuerst zeigte man uns den Gästeraum, wo wir den Schauspieler Robert Hardy kennenlernten. Wir plauderten eine Zeitlang mit ihm, dann wurde ich ungefähr eine halbe Stunde lang geschminkt.

Ich lernte die anderen Gäste kennen: Matthew Taylor, das jüngste (liberale) Parlamentsmitglied im Unterhaus; und die Popgruppe Aha, die zu sehr mit ihren Fans beschäftigt war, um uns zur Kenntnis zu nehmen.

Der schlimmste Teil war für mich, im Gästeraum zu sitzen, die Monitore zu sehen, die Musik (von Aha) zu hören und zu wissen, daß ich als nächste dran war. Ich war ungefähr zehnmal auf der Toilette.

Dann war ich dran. Der Leiter der Vorstellung begrüßte Mark und mich und führte uns in die Kulissen. Ich stand mit ihm da, während die Gruppe sang, und fühlte, wie mich reine Panik überfiel. Es war zu spät für noch einen Gang aufs Klo, und bevor ich es wußte, waren wir auf Sendung.

Ich hatte nie zuvor eine Live-Sendung gemacht, und ich wußte, daß *Wogan* hoch im Kurs stand. Sue Lawley ersetzte Terry Wogan, der im Urlaub war, und es gelang ihr, daß ich mich entspannen konnte.

Später, wieder im Gästeraum, ging es mir gut, als ich mit Leuten sprach und etwas trank, aber vorher – und während der Sendung – war ich einfach verschreckt.
Wir fuhren um neun Uhr in unser Hotel zurück und gingen direkt zum Essen ins Restaurant. Die Leute sahen uns immer an und sagten: »Sie war in *Wogan*«, »Wir haben Sie in *Wogan* gesehen.« Die vielen Leute, die uns erkannten, das war schon erstaunlich.
Nachdem wir gegessen hatten, fühlten wir uns zerschlagen und gingen ins Bett. Den nächsten Tag verbrachten wir damit, London zu erkunden, und außerdem fuhren wir nach Watford, um meine Eltern zu besuchen. Dann fuhren wir alle, auch Mum und Dad, zu Ann Paul, wo wir eine Party gaben, um *I, Alison* zu feiern, die an diesem Abend gesendet wurde. Eine Menge Leute waren auf der Party: Eddie Mirzoeff (der Ex-Chefredakteur von *Forty Minutes*), das Kamerateam, die Toningenieure, Journalisten, Anns Familie, meine Eltern ... Als es Zeit für den Film wurde, gingen wir nach unten und klemmten uns in einen kleinen Fernsehraum im Keller, wo wir schweigend zusahen. Sobald der Film vorbei war, klatschten alle wie verrückt. Anns Telefon begann zu klingeln, Freunde und Kollegen gratulierten ihr zu dem Film.
Am nächsten Tag sollte ich *Open Air* in Manchester machen. Mark, Ann und ich mußten um sieben Uhr früh losfahren, um rechtzeitig vom Flughafen Gatwick zur Sendung um elf Uhr abzufliegen. Wir kamen gegen halb sieben am Flughafen an. Wir drei gingen zum Flugsteig und waren nur mit uns beschäftigt, doch die Leute hielten uns an und meinten: »Wir haben Sie im Fernsehen gesehen! Gut gemacht!« Wir waren verblüfft über die Zahl der Menschen, die uns anhielten: Es war, als ob jeder Mensch, an dem wir vorbeikamen, mich in *Wogan* gesehen hätte – oder den Film.
Im Flugzeug frühstückten wir. Wir hatten alle Zeitungen

gekauft, um die Kritiken zu lesen, und alle waren gut außer einer in *The Times* (ich glaube, der Schreiber hatte selbst Probleme mit Behinderten). Es war seltsam, sich selbst an einem Abend im Fernsehen zu sehen und am nächsten Tag festzustellen, daß halb England einen auch gesehen hatte! Ich fühlte mich allmählich wie eine richtige Berühmtheit und sagte zu Ann: »Das ist alles dein Fehler!« doch sie lachte nur.

Ann sollte in der Sendung mit mir auftreten. Nun, Ann fühlt sich wohl hinter der Kamera, aber wenn sie vor sie tritt, geht es ihr nicht gut. Sie hat dieselbe Art Nervenreaktion wie ich, und deshalb stürmten wir beide erst einmal aufs Klo, als wir zum Studio kamen.

Open Air ist eine Sendung, bei der die Zuschauer anrufen und Fragen stellen. Auch so etwas hatte ich noch nie gemacht, und ich machte mir Sorgen darüber, welche Fragen die Leute wohl stellen mochten. Keiner redete vorher mit mir darüber. Offenbar waren seit dem vorherigen Abend die Leitungen überlastet: Die größte Reaktion, die sie jemals auf eine Sendung erhalten hatten. Ich war entzückt.

Die meisten Fragen gingen darum, wie ich mit meiner Behinderung zurechtkam, aber eine oder zwei waren unüblich.

Eine Frau rief an und fragte: »Wenn Sie sich jemals von Mark scheiden lassen, kann ich ihn dann haben?« Ich war so vor den Kopf gestoßen, daß ich sagte: »Ja, ich werde ihn zu Ihnen schicken.« Darauf meinte sie: »Nun, können Sie es erster Klasse tun, denn ich will ihn nicht in Stücken haben!« Hinter den Kulissen konnte ich hören, wie sich Mark vor Lachen ausschüttete.

Die Frage, die mir am stärksten im Gedächtnis geblieben ist, war: Wie fühlten Sie sich, als Sie den Job beim YMCA in Neath nicht bekamen? Ich erwiderte: »Ich war nicht gut genug.« Dieser Typ hatte sich so verstrickt in die Ereignisse in *Forty Minutes*, daß er wirklich wollte, daß ich den Job bekam. Danach gingen wir in den Gästeraum, wo wir den Produzenten trafen, der sehr erfreut darüber war, wie gut die Sendung gelaufen war. Dann wurden Mark und ich zurück nach Swansea gefahren, doch ich kann mich kaum daran erinnern. Wir hatten beide so viel emotionale Energie verbraucht, daß wir den ganzen Weg über schliefen.

Als nächstes bat man mich, *Going Live* zu drehen, eine dreistündige Kindersendung, die samstags am Vormittag von BBC ausgestrahlt wird, mit Sarah Greene und Philip Schofield. Wieder einmal wohnten Mark und ich im Kensington Hilton Hotel. Als wir am Abend vor der Sendung ins Restaurant hinunterkamen, kam der Geschäftsführer, der uns vom letzten Mal mit Namen kannte, herüber und hieß uns willkommen. »Alison, kommen Sie und setzen Sie sich hierhin«, sagte er.

Marks Bruder, Paul, und seine Freundin Claudia waren bei uns und sehr beeindruckt von der Aufmerksamkeit, die uns entgegengebracht wurde. Wir setzten uns und hatten ein wundervolles Essen, überall standen Ober und bedienten uns von hinten und vorn. Es machte viel Spaß.

Am Samstag morgen drehten wir *Going Live,* und mir ging es wunderbar, obwohl meine Nerven nicht besser geworden waren. Ich bin einfach angespannt und voller Unruhe, wenn ich im Fernsehen auftrete.

Ich saß auf dem »Heißen Stuhl« und mußte Fragen über Behinderungen von Kindern im Publikum beantworten. Mark beobachtete mich hinter den Kulissen. Ich trat auf zwischen Popvideos, Cartoons und verschiedenen Gästen, wie Jason Donovan, alias Scott aus *Neighbours.*

Ich bekam aufgrund dieser Sendungen so viel Feedback, so viele Reaktionen. Nach der ersten Ausstrahlung von *I, Alison* (die Sendung wurde wegen starker Nachfrage nach einem Monat wiederholt), schien unsere Umgebung von Leuten nur so zu wimmeln, die uns kannten oder uns kennenlernen wollten. Wir bekamen mehr als dreihundert

Briefe von Zuschauern, das Telefon klingelte ständig, und es war unmöglich einzukaufen, da wir bei Sainsbury dauernd angesprochen wurden.

Unglücklicherweise zeigte nicht jeder, den wir trafen, eine aufgeklärte Haltung. Ihrem Verhalten mir gegenüber nach zu urteilen, schienen einige Leute das Wichtigste an der Sendung nicht mitgekriegt zu haben. Als Mark und ich im Juni 1988 zur Royal Welsh Show (einer Landwirtschaftsausstellung) in Builth Wells gingen, richteten ungefähr neunzig Prozent der Leute ihre Bemerkungen an ihn und nicht an mich, gratulierten Mark zu dem »wundervollen« Film und zu meinem »tollen« Sinn für Humor . . . und ich stand direkt neben ihm!

Auch Mark wird leicht furchtbar wütend, selbst wenn er es nicht immer zeigt. Er kann seine Gefühle kontrollieren, sie unter einem Panzer aus Höflichkeit verbergen. Er sagt dann: »Dies ist Alison, meine Frau«, »Sie ist hier, wissen Sie«, und er bringt mich betont ins Gespräch hinein.

Das geht eine Zeitlang, und ich kann damit umgehen. Wenn ich plötzlich zu schreien und zu toben anfinge, würde das nichts bewirken und könnte sich sogar ganz gegen Behinderte wenden. Aber ich finde ihre Haltung deprimierend, weil ich glaube, meine Rolle besteht darin, die Menschen über Behinderung aufzuklären, und wenn solche Situationen auftreten, denke ich: Warum mache ich das? Warum setze ich mich so viel Schmerz aus?

Wenn ich einen neuen Job anfange, im ersten Monat oder so, weiß ich, die Kinder werden sich auf meine Kosten lustig machen, weil ich anders bin. Obwohl es weh tut und mich aufregt, glaube ich, daß, wenn ich es mit ihnen durcharbeite und sie von mir lernen können, es für andere Behinderte vielleicht leichter wird, in der Gesellschaft akzeptiert zu werden.

11

Zurechtkommen in Swansea

Ich war recht unruhig wegen des Umzugs nach Wales, denn für mich war es ein völlig neues Land, und obwohl ich dort Urlaub gemacht hatte, war ich nie länger als zwei Wochen dort gewesen. Ich machte mir auch Sorgen, weil ich wußte, daß gewisse Waliser die Engländer nicht mochten, und weil ich nicht sicher war, ob das auch auf Swansea zutraf . . . aber ich liebte Mark, und Mark war nun mal Waliser, also hieß es: »Aufgepaßt, Wales, wir kommen!«

Wir wohnen in einer zweistöckigen Doppelhaushälfte mit einem kleinen Garten in einem Neubaugebiet ungefähr drei Meilen außerhalb von Swansea. Die Gemeinde heißt Treboeth und liegt auf einem Hügel, so daß es manchmal schwierig ist, mich fortzubewegen. Hinter unserem Haus gibt es große offene Felder, wo ich unsere zwei Hunde (Megan und Dottie) spazierenführen kann. Dottie war ein Hochzeitsgeschenk, und Megan kaufte ich im Hundeheim von Swansea.

Es gibt zwei Kirchen in der Gemeinde: die Hauptkirche, St. Albans, und die Tochterkirche (Penlan), so daß Mark ziemlich viel zu tun hat. Vater Douglas Davies ist unser Vikar.

Zuerst war ich einsam, aber dann fand ich Menschen in der Gemeinde, die sich mir gegenüber sehr offen und freundlich verhielten. Sie gingen aus sich heraus, damit ich mich wohl fühlte. Sonntag abends betreiben Mark und ich einen Jugendclub im Versammlungssaal der Kirche, wo wir alle Tischtennis spielen oder einfach nur plaudern und miteinander lachen. Es ist schön, so viele junge Leute mit einem starken Glauben zu sehen.

Als wir nach Swansea kamen, hatte ich keinen Job, und deshalb nahm ich aktiv am Leben der Gemeinde teil: Ich ging morgens zu den Kaffeetreffs, holte alte Leute ab, besuchte sie zu Hause . . . Es war eine Möglichkeit, durch die ich die Ortsansässigen kennenlernen konnte.

Doch wir machten allen klar, daß ich nicht der Typ bin, der nur Blumen arrangiert und die Kirche putzt. Dafür bin ich nicht da. Ich bin als Marks Partnerin da. Ich gehe mit ihm zu Terminen, ich habe ab und zu beim Kirchenbasar mitgeholfen, und es macht mir nichts aus, alte Leute ins Krankenhaus oder in die Kirche zu begleiten, weil ich so etwas allein tun kann, ohne zu sehr in Anspruch genommen zu werden. Aber ich weigere mich, dazu überredet zu werden, Dinge zu tun, von denen andere Leute glauben, ich sollte sie tun.

Im November 1987 war ich bei meiner Abschlußfeier im YMCA-Zentrum in London. Ich war im siebten Himmel. Ich wollte gleichzeitig lachen und weinen, weil ich, obwohl ich wußte, daß ich bestanden hatte, immer noch dieses kostbare Stückchen Papier in meinen ungeschickten kleinen Händen fühlen wollte!

Dies mag überheblich klingen – aber ich bin die einzige in meiner Familie mit einer Berufsausbildung, und das erreicht zu haben und zu wissen, daß ich es allein geschafft habe, bedeutet mir sehr viel.

Meine Beziehung zu meinem Bruder Andy veränderte sich, nachdem ich heiratete. Er erkannte plötzlich: Sie ist jetzt unabhängig. Sie braucht mich nicht mehr. Er mußte sich in Zukunft nicht mehr »um mich kümmern«: Dieser Druck war von ihm genommen.

Kurz nachdem der *Forty-Minutes*-Film gesendet worden war, ging ich auf einen Lehrgang namens *All Wales Strategy Course*, der für Fürsorger und Lehrer bestimmt war, die mit geistig Behinderten arbeiteten. Ich wurde gebeten, zu kommen, um zu sehen, ob es mich interessieren würde, Tutor zu werden. Es war ungefähr zu der Zeit, daß ein Sozialarbeiter, der den Film gesehen hatte, mich anrief und fragte, ob ich helfen würde, eine Gruppe von geistig Behinderten an den Montag- und Dienstagabenden zu leiten. Ich war nicht scharf darauf, aber ich wußte, es wäre eine gute Übung für meine zukünftige Beschäftigung, denn es zeigte, daß ich aktiv versuchte, eine Arbeit zu finden. Also machte ich es sechs Monate lang, war aber ziemlich vor den Kopf gestoßen, als die Eltern *mich* ebenfalls als geistig Behinderte behandelten.

Dann mußte ich mir den Blinddarm herausnehmen lassen, was mich eine Zeitlang außer Gefecht setzte. Wieder half ich ein- oder zweimal die Woche aus, nachdem es mir besser ging, doch bald hörte ich ganz auf.

Ich lernte eine Frau namens Katreen Donaldson kennen, die im Familienplanungszentrum in Swansea arbeitete und jetzt freiberuflich als Tutor tätig war; sie arbeitete innerhalb des Berufsbildungsprogramms der Regierung. Katreen ist Anfang Vierzig und ein wunderbarer, sehr »handfester« Mensch. Sie fragte mich, ob ich mitmachen wolle, und ich sagte ja.

Im Juni 1988, zwölf Monate nach seiner Weihe zum Diakon, wurde Mark zum Priester geweiht, wieder in der Kathedrale von Brecon. Diese Weihe ist ähnlich, nur daß nicht nur der Bischof, sondern auch die Priester der Diözese einem die Hand auflegen, so daß alle gemeinsam eine Art Gottesdienst praktizieren. Meine Eltern besuchten uns zu dem Anlaß. Mark trat in seiner Soutane und seinem Chorhemd vor und kniete vor dem Bischof. Dann trat sein Vater vor und legte beide Hände auf Marks Kopf. Seine Mum war sehr bewegt, und ich mußte auch die Tränen zurückhalten, denn ich wußte, wieviel das alles Mark bedeutete.

Einige Tage nach Marks Priesterweihe hielt er seine erste

Messe, ein Kommunionsgottesdienst in Form einer modernen Messe mit Folksongs, die Mark zusammen mit anderen Priestern feierte, darunter sein Vater, der auch predigte, und verschiedenen Priestern vom St. Stephen's House, so der Abt und der Priester der Gemeinde. Ich saß vorne bei Marks Familie. Ich war nervös, da ich wußte, es war das erste Mal, daß Mark die Messe las, aber er machte es sehr gut.

Nachdem ich den Posten beim YMCA von Neath nicht bekommen hatte, hörte ich von einer anderen freien Stelle – in der Mädchengesamtschule des Ortes: als Leiter einer Jugendabteilung der Mynyddbach-Mädchen-Schule der Grafschaft. Sobald ich davon erfuhr, ging ich hin, und ich sah dort viele Möglichkeiten. Ich erinnere mich, daß ich heimkam und dachte: Es ist wunderbar! Ich will es!

Also füllte ich das Formular aus und schickte es weg. Es dauerte lange, bis ich von meiner Bewerbung hörte. Zu diesem Zeitpunkt sagte man mir nicht, daß es nicht genug Bewerber gab, um jemanden für den Job auszuwählen. Ich rief immer wieder an, um herauszufinden, was los war, aber keiner sagte mir etwas.

Einige Wochen später bekam ich einen Brief, in dem es hieß, daß man meine Bewerbung erneut vorgelegt habe. Der Job war neu ausgeschrieben worden, und ich landete schließlich in der engeren Auswahl von sechs.

Das Gespräch dauerte einen Tag lang und lief vor einem ausschließlich männlichen Ausschuß ab. Sie schrieben ihre Fragen auf, damit es dieselben für alle wären. Ich kannte mein Thema und hatte so viel Selbstvertrauen zu glauben, ich hätte eine gute Chance.

Am Nachmittag sagte man mir, daß ich den Job hätte. Es war sehr aufheiternd, wenn ich daran dachte, daß ich aufs College gegangen war, mich qualifiziert hatte und selbst einen Vollzeitjob gefunden hatte – und das in einer fremden, neuen Stadt, wo mich keiner kannte.

Als ich heimfuhr, hielt Mark schon nach mir Ausschau. Sobald er mich sah, drehte ich den Daumen nach oben, und wir standen beide vor dem Gartentor und heulten uns die Augen aus.

Ich begann meine Arbeit in Mynyddbach im August 1988. An meinem ersten Morgen führte mein Chef, Andy Pudduck, mich zusammen mit einigen Jugendlichen herum, gab mir die Schlüssel, und wir gingen zusammen zum Essen.

Eine Woche später fing die Schule wieder an, und ich lernte alle Kinder kennen. Dann wurde ich meinen vierzehn Teilzeitmitarbeitern vorgestellt, die wunderbar sind. Ich konnte den Club ohne sie nicht leiten, und sie haben mich als ihre neue Vorgesetzte sehr unterstützt. Immer wieder mal mokieren sie sich, weil ich Engländerin bin, aber das ist nie ein richtiges Problem gewesen.

Mein Chef, Andy, hat mich auch sehr unterstützt, und einmal in der Woche habe ich bei ihm Supervision.

Ich muß das Gebäude instand halten und verwalten. Ich muß auch mein Teilzeitpersonal bezahlen und überwachen. Es ist doch sehr die Rolle eines Verwalters und dazu noch Jugendarbeit. Das Verwalten mache ich, weil es sein muß – dafür werde ich bezahlt –, aber ich sehe mich vor allem als Jugendarbeiterin, nicht als Schreibtischarbeiterin. Ich profitiere sehr vom hautnahen Kontakt mit den Jugendlichen. Ungefähr hundertzwanzig Jugendliche gehen jeden Tag durch meine Türen, und ich muß versuchen, für jeden Zeit zu haben.

Die Leute fragen mich: »Arbeiten Sie?«

»Ja«, antworte ich.

»Sie haben eine Teilzeitarbeit, oder?«

»Nein«, erwidere ich ihnen. »Es ist ein Ganztagsjob mit verdammt viel Verantwortung.«

Ich sehe mich dort bleiben, entweder bis ich aus dem Job herauswachse, oder bis Mark in seine nächste Pfarrei weiterziehen muß. Diese Aussicht beunruhigt mich, denn immerhin habe ich zwölf Monate gebraucht, um den Job zu finden, und ich weiß nicht, ob ich noch mal so lange warten könnte.

Mir gefällt meine Arbeit wirklich. Sie gibt meinem Leben etwas Zusätzliches und macht mich unabhängiger.

Teenager sind sehr leicht zu beeindrucken, deshalb liegt mir die Jugendarbeit so sehr. Sie sehen, daß, obwohl ich Probleme habe, ich trotzdem mit meinem Leben zurechtkomme und ihnen helfen kann. Eltern können das Leben wirklich durcheinanderbringen: Dieses Gefühl habe ich ganz stark. Wenn ich einkaufen gehe, bemerke ich Kinder, die mich ansehen, und ich höre, wie ihre Eltern sagen: »Starr nicht hin. Das ist unhöflich.« Oder: »Es geht ihr nicht gut.« Ich denke mir: Um Gottes willen, sag es ihnen doch!

Die Vorurteile der Eltern färben auf ihre Kinder ab. Man gerät damit in einen Teufelskreis, den ich, so möchte ich gern glauben, durchbrechen muß. Ich glaube, je mehr Leute ich durch Aufklärung erreichen kann, desto besser.

Ich arbeite nicht gut mit Behinderten. Vielleicht bin ich egoistisch, aber ich werde frustriert und ungeduldig und will, daß sie sich selbst mehr helfen. Ich habe das Gefühl, daß sie sich davonstehlen und sich sagen: Die Gesellschaft erwartet von mir, daß ich nutzlos bin, also werde ich es auch sein. Diese Haltung wird sogar in der kindischen Art deutlich, in der sich manche kleiden: zwanzigjährige Frauen, die Blumen im Haar haben und Rüschenröcke tragen.

Mir ist klar, daß nicht jeder meine Entschlossenheit oder meine Motivation hat, aber einzeln betrachtet und wenn genug Unterstützung geliefert wird, glaube ich, daß sie mehr für sich selbst tun könnten.

Ich glaube nicht an positive Diskriminierung. Zu sagen, daß, weil ein Mensch behindert ist, er eine Sonderbehandlung bekommen sollte, ist falsch. Ich glaube einfach, daß jeder dieselben Chancen bekommen und nach seinen Verdiensten beurteilt werden sollte. Mein Tutor am YMCA National College, Peter Harding, schrieb in seinem Zeugnis über mich: »Alison hat ihre Unabhängigkeit und ihre Selbstachtung ohne Sonderbehandlung und nach ihren eigenen Kräften gewonnen.«

Im Grunde mag ich mich nicht anpassen, und das ist ein weiterer Grund, warum mir die Jugendarbeit so gefällt: Junge Leute hassen es, sich anzupassen, und ich kann mich damit identifizieren. Wenn jemand mit rosafarbenem Haar herumlaufen und hellgrüne Hosen tragen will, warum soll er das denn nicht? Wenn ich glaube, daß ich jemanden schockieren könnte, dann tue ich es erst recht – wie bei Marks Weihe zum Diakon, als ich in meinem schwarzweißen Jogginganzug auftauchte. Alle machten Oh und Ah, einfach weil man das nicht tut . . . aber ich tat es!

Mark war immer neugierig, offen, sehr walisisch. Er veränderte sich nicht, als er mir begegnete. Er raucht noch, aber sehr selten im Haus – normalerweise raucht er seine Zigarre oder eine Pfeife in seiner kleinen Hütte im Garten, wo ich nicht hindarf. Keiner von uns wird sich ändern, ob wir nun Leute in der Gemeinde treffen oder die Königin. Wir machen Blödsinn in der Öffentlichkeit und ziehen uns gegenseitig auf. Wir sind beide Menschen, die sich gerne anfassen, und manche der Älteren finden das schwer zu akzeptieren. Es ist ihnen unbehaglich, wenn wir so offen und ehrlich miteinander umgehen und uns so lieben.

Wenn wir sonntags zur Kirche gehen, gehen wir zusammen, Mark in seiner Soutane und ich in meinen bunten geflickten Jeans. Dann gehen wir zusammen den Gang hinauf, er küßt mich zum Abschied, und alle schauen . . . Ich bleibe vorne in meiner Bank, während Mark zum Altar hinaufgeht, um seine Arbeit zu tun.

Ich gehe jeden Sonntagmorgen zur Messe. Der Hauptgrund dafür ist, daß ich Mark unterstützen will. Manchmal

komme ich mir wie eine Heuchlerin vor, wenn ich da in der Kirche sitze und die Kommunion entgegennehme. Ich bekomme anscheinend nicht dieses Gefühl des »inneren Friedens«, über das andere Leute reden. Mich fragte mal jemand, wie ich mich geistlich fühle, und ich wußte nicht, was er meinte. Ich nehme an, ich denke einfach zu logisch.
Was die tatsächliche Rolle der »Frau eines Pfarrers« angeht (ich hasse den Ausdruck: Man spricht nie vom »Mann der Sozialarbeiterin«!), so gefällt es mir, weil ich gerne mit Menschen zusammenkomme und ihnen helfe. Ich versuche, die zwei Seiten meines Lebens zu vereinen, da ich glaube, es ist wichtig, daß die Leute wissen, daß ich berufstätig bin und nur einen gewissen Anteil Zeit der Gemeindearbeit widmen kann. Aber ich werde immer Mark unterstützen. Wenn er mich braucht, werde ich immer dasein – und ich weiß, er fühlt mir gegenüber dasselbe.
Wir führen keine klassische Ehe. Mark leistet seinen Anteil im Haushalt und ich meinen. Wir haben beide volle Jobs, warum sollte dann einer alle Verantwortung für die Hausarbeit übernehmen?
Ich hätte gerne zwei oder drei Kinder, aber ich habe ganz sicher nicht vor, meine Arbeit aufzugeben. Mark weiß das, und er würde es auch nicht wollen. Er weiß, wieviel mein Job mir bedeutet. Auf jeden Fall können wir es uns nicht leisten (Mark bekommt 6500 Pfund im Jahr als Pfarrer; und ich verdiene ungefähr 9000 als Jugendleiterin).
Über die Kinderfrage haben wir lange und hart geredet. Mark ist fähig und willens, alles zu tun, außer ein Kind zu stillen! Wenn ich ein Baby bekäme, wäre das wahrscheinlich ein Kaiserschnitt, da ich wohl nicht genug Kraft habe zu pressen.
Die Möglichkeit, daß ich ein behindertes Kind bekomme, ist gering. CP ist nicht ansteckend! Aber ich bin nicht sicher, wie ich mit einem behinderten Kind zurechtkommen würde – da ich genau weiß, was es durchmachen muß, da

ich erkenne, was andere Leute denken. Meine Erwartungen an das Kind wären sehr hoch: Es müßten »normale« Schulen sein, alles müßte »normal« sein, und ich weiß nicht, ob das fair dem Kind gegenüber ist.
Ich war immer eine Kämpferin, habe gegen die Umstände gekämpft, bin aus Stereotypen ausgebrochen, und doch demütigen mich sehr viele Menschen noch, und das finde ich herzzerreißend.
Ich habe mich in der Art und Weise verändert, wie ich meine Behinderung sehe. Obwohl ich sie immer noch nicht akzeptiere, entdecke ich positive Möglichkeiten, sie zu meinem Vorteil einzusetzen – junge Menschen aufklären und mich in einer Clubsituation mit ihnen zusammentun. Wenn ich etwas nicht kann, bitte ich jemanden, mir zu helfen. Neun von zehn Malen wird er dazu bereit sein, und das schafft zwischen uns Kommunikation.
Ich habe das Gefühl, es geht mir besser, seit ich verheiratet bin – ich bin viel stärker als vorher, weil ich so viele verschiedene Dinge tue. Ich halte in einem Ganztagsjob aus, von dem ich glaubte, daß ich dazu nie die Energie haben würde. Sonntags bin ich immer auf und draußen, während ich früher im Bett blieb. Meine Behinderung scheint mich nicht mehr zurückzuhalten. Vielleicht ist es eine Geisteshaltung, die mir dieses Gefühl gibt. Teil des Geheimnisses ist, daß man seinen Tag vernünftig plant und nicht zuviel hineinstopft. Am Arbeitsplatz delegiere ich viel . . . und wenn ich mittags nach der Morgenarbeit heimkomme (ich arbeite auch abends bis neun Uhr), trinke ich eine Tasse Tee, schalte den Fernseher ein und lege mich schlafen.
Der Sinn dieses Buches heißt nicht: »Schaut nur, wie gut ich es geschafft habe. Bin ich nicht schlau?« Mein Hauptziel ist, zu versuchen, das Bild Behinderter als hilflose, hoffnungslose und machtlose Wesen zu zerstören.
Ich mag es nicht, wenn man mir sagt, ich repräsentiere die Behinderten, weil ich es nicht tue. Ich repräsentiere mich

selbst. Einiges, was ich tue, mag sich auswirken und anderen zugute kommen, aber ich kann es nicht *für* sie tun. Sie müssen es selbst tun.

Ich sehe mich nicht auf einem Kreuzzug. Ich sehe mich einfach als einen Menschen, der in gewissen Bereichen Probleme hat und gelernt hat, damit fertig zu werden.

12

Marks Geschichte

Mein Vater ist Priester in einer Kirche in Wales, und ich stamme aus einer eng zusammengehörenden, liebevollen christlichen Familie. Ich wuchs zum Großteil in ländlicher Umgebung auf, in einer kleinen Landgemeinde namens Beguildy in Mittel-Powys, wo mein Vater der örtliche Vikar und für drei Kirchen zuständig war. Meine frühesten Kindheitserinnerungen sind die an ein Leben in einem Haus, das mir damals wie ein sehr großes viktorianisches Landhaus mit großen Gärten voller Bäume vorkam. Die Gemeinde war klein, und die Position meines Vaters dort gab auch *mir* ein gewisses Ansehen, was ich schließlich sehr mochte.

Ich habe viele glückliche Erinnerungen an traditionelle Weihnachtsfeste in unserer Familie: wie wir zusammen Weihnachtslieder sangen und um den Baum standen, wie wir Geschenke austauschten und im Schnee zur Kirche gingen ... Meine Eltern schienen immer Geschick darin zu haben, mir bei meiner Entwicklung zu helfen, und unterstützten mich in meiner Bildung. Es gab da noch einen besonderen Lehrer in meinem Leben, einen Mann namens Emrys Davies, der mir die Sehnsucht, den Durst nach Wissen einflößte, als ich zwischen neun und elf Jahren alt war. Er besaß einen prägenden Einfluß auf mich.

Wenn ich darüber nachdenke, so sind es drei Menschen, die in meinem Leben zählen und die mir in der Hinsicht wichtig sind, wie ich anfangs auf Alison reagierte.

Der erste, Andrew, den ich kennenlernte, als ich noch jünger war, beeinflußte stark meine Wahrnehmung gegenüber Behinderten. Andrew war der behinderte Enkel des Küsters in einer von Dads Kirchen, und er hatte CP. Meine erste Begegnung mit ihm war traumatisch. Er war ungefähr sechs, sieben Jahre älter als ich, und er trug dicke Stiefel; seine Glieder schienen sich nicht koordiniert zu bewegen. Als ich ihn etwas fragte, konnte ich nicht verstehen, was er sagte, und dies geschah vielleicht wegen meiner eigenen tiefsitzenden Verlegenheit, weil ich nicht wußte, wie ich zu ihm in Beziehung treten sollte. Die anderen beiden hatten weniger Einfluß. Eines war ein kleines Mädchen von ungefähr neun Jahren, die kleine Schwester eines guten Freundes von mir in der Schule, die Spina bifida hatte. Ich war achtzehn und erinnere mich, daß ich eine vernünftige Beziehung zu ihr aufbauen konnte. Der zweite Mensch war ein Junge namens Andy, der mit mir in Plymouth aufs College ging. Andy hatte einen großen Buckel und offensichtlich große Schwierigkeiten beim Gehen, obwohl ich nicht genau weiß, was für eine Behinderung er hatte. Er hatte keine Kommunikationsprobleme und schaffte seinen Abschluß. Er war ein Mensch, mit dem ich in Beziehung treten konnte, obwohl zwischen uns Temperamentsunterschiede bestanden. Andy war der fleißige, eifrige Typ, während wir anderen im Haus, in dem wir zusammenwohnten, lockerer und lauter waren – und da gab es Spannungen.

Andrew hatte den größten Einfluß auf mein Denken. Emma gegenüber (dem kleinen Mädchen mit Spina bifida) hatte ich die Haltung des »Ist sie nicht toll?« angenommen – nicht so sehr herablassend, sondern vielmehr die Art, wie man sich Jüngeren gegenüber benimmt. Aber Andrew erschreckte und erregte mich, weil er mich verlegen machte. Einiges von der Verlegenheit kam zum Vorschein, als ich Alison kennenlernte. Diese Gefühle wurden plötzlich angezapft, weil sie so tief saßen und vor so langer Zeit eingeprägt worden waren.

Meine frühen Jahre, bis ich von zu Hause wegging, waren

Jahre der Anpassung, das heißt, daß ich sonntags und bei verschiedenen religiösen Anlässen in der Kirche auftauchte.
Ich ging aufs College (das St.-Mark- und John-College in Plymouth), um Geographie, Geschichte und Soziologie zu studieren. Wie so viele junge Menschen, die das erste Mal von zu Hause weg sind, flippte ich völlig aus. Ich machte mit Drogen und Alkohol Bekanntschaft. Ich führte ein wildes Leben und schonte mich ganz allgemein während dieser Zeit nicht. In meinem ersten Jahr ging ich noch sonntags morgens in die Kirche, wußte aber nie genau warum, und hatte wachsenden Katzenjammer nach dem Rugby-Spiel, das einen großen Teil meines Collegelebens einnahm (ich war Organisationssekretär des Rugbyclubs).
Im zweiten Jahr lebte ich mit einem Mädchen, Megan, ungefähr sechs Monate zusammen. Ich war schrecklich verliebt oder glaubte jedenfalls, daß ich es sei. Doch die Beziehung mit Megan funktionierte nicht und endete in den Sommerferien. Ich kam im September ins College zurück, und in dem folgenden Semester lebte ich mich aus, betrank mich, rauchte Shit. Es war ein Prozeß, in dem ich mich selbst ausschaltete. Ich wollte nicht mit mir allein sein.
Zur selben Zeit traf ich Megan wieder, und sie sagte, sie sei Christin geworden, habe eine Art »Bekehrungserlebnis« gehabt . . . und deshalb ging ich auch wieder in die Kirche. Meine Beziehung zu Megan entwickelte sich wieder, wenn auch wegen ihrer »Bekehrung« auf andere Weise als vorher. Die Kirche wurde für mich etwas viel Höheres und Wichtigeres.
Doch irgendwann zog sie mit jemand anderem los, und ich mußte damit fertig werden. Wenn ich Megan wirklich geliebt hätte, wäre es christlich und liebevoll gewesen, sie gehen zu lassen. Ich betete nachts, las Abschnitte aus der Bibel und schlief sehr friedlich ein, und ich glaube, der Frieden Jesu kam über mich . . . und dies hatte eine befrei-

ende Wirkung. Am nächsten Morgen, nach dem Morgengebet in der Kapelle, ging ich zu meinem College-Kaplan und sagte: »Wissen Sie, ich glaube, ich will Priester werden.« Und er meinte: »Das ist sehr seltsam, ich habe nämlich vor einigen Tagen nachts geträumt, daß dies vorgeschlagen würde.« Wir sprachen darüber, und ich beschloß, meine Eltern zu informieren.

Sie kamen am Wochenende nach Plymouth, und ich sagte es zuerst Dad allein. Ich setzte mich zu ihm und erzählte ihm meine ganze wechselvolle Geschichte. Ich besprach alles mit ihm . . . Ich mußte den ganzen »Hintergrund« erklären, um so zu einer Art Klarheit darüber zu kommen, in welchem Stadium ich mich gerade befand.

Es war so etwas wie ein Bekenntnis und für mich eine sehr sakramenthafte Erfahrung. Danach fühlte ich mich frei. Ich hatte viel Schuld abgeladen, die ich einige Zeit mit mir herumgetragen hatte.

Ich glaube nicht, daß ich jemals meinen verrückten Lebensstil als Form der Rebellion gesehen habe. Ich wollte nur das Leben genießen, und das tat ich, selbst wenn ich deshalb in Schwierigkeiten geriet und nur einen drittklassigen Abschluß machte.

Nachdem ich meinem Vater erzählt hatte, daß ich mich zum Priester »berufen« fühlte, kontaktierte ich (auf Anraten meines Vaters) einige Leute, die bei der Kirche die Auswahl treffen. Zuerst mußte ich Bischof Benjamin von Swansea und Brecon sprechen (der mich später traute), und ich erzählte ihm fast genau dieselbe Geschichte wie meinem Vater. Der Bischof sagte, ich solle mit dem Ordinationsrektor sprechen, der derjenige ist, der sich um die Ordinanden kümmert (Priester in der Ausbildung). »Gut«, meinte der, »wir setzen Sie zunächst auf die Liste für die Auswahl der Diözese, dann der Provinz.«

Ich bestand die Prüfung vor dem Diözesenausschuß problemlos. Zur gleichen Zeit begann ich mich nach möglichen theologischen Colleges umzusehen. Ich lernte einen guten Querschnitt kennen und stieß schließlich auf St. Stephen's House, das mir Priester in einer Tradition auszubilden schien, von der ich etwas lernen konnte und die mir den Weg zu meinem eigenen Glauben, dem katholischen, ermöglichte.

Während ich mir Colleges aussuchte, ging ich gleichzeitig zum Auswahlausschuß der Provinz, der mich vorbehaltlos empfohl. Sie sagten eigentlich nur: »Gehen Sie und lassen Sie sich ausbilden.« Ich wurde drei Tage lang intensiv befragt, Leute prüften und diskutierten meine akademischen Grade, priesterlichen Fähigkeiten usw. Ich glaube, meine Begeisterung und die entschiedene Überzeugung, daß ich tatsächlich berufen sei, hielten mich die ganze Zeit aufrecht. St. Stephen's House hatte mich bereits akzeptiert mit der Bedingung, daß ich ein Jahr lang in der Pfarrei arbeiten sollte.

In der Gemeinde St. Albans wurde 1983 eine Stelle frei; diese war bekannt als »Wurzel«gruppe, geführt von der USPG (United Society for the Propagation of the Gospel = Vereinigte Gesellschaft für die Verbreitung des Wortes Gottes). Es war ein Projekt, das sich selbst finanzierte und mit der Heimatmission verbunden war und bei dem eine Gruppe junger Christen in einer Gemeinde lebte und arbeitete – in diesem Falle für einen Zeitraum von zwölf Monaten. Es war eine wertvolle Erfahrung, und ich mußte jede Woche zehn bis zwölf Stunden der Jugendarbeit widmen, die mir gefiel und ich als Teil meiner Berufung ansah. Ich besuchte auch allgemein im Rahmen der Gemeindearbeit die Menschen, und ich nahm einen Job in einem Pub an, um mir meinen Lebensunterhalt zu verdienen.

Ich wohnte mit David zusammen, der methodistischer Pfarrer werden wollte. David war das genaue Gegenteil von mir. Er war sehr, sehr mager und äußerst schüchtern. Zu der Zeit konnte er seine Persönlichkeit einfach nicht auf andere ausstrahlen lassen, und da wir so gegensätzlich waren, war dies eine Quelle ständiger Belustigung für alle in der Abtei und all jene, die uns kannten. Ich bin sicher, daß er sich seit damals sehr entwickelt hat.

Ein wichtiges Ereignis in jenem Jahr war mein Zeugnis für den zweiten Studienabschnitt – und da traf ich Alison. Wir begegneten uns am ersten Seminarwochenende in London Colney. Dort waren auch, wie ich mich erinnere, mehrere andere Behinderte. Ich bemühte mich nicht sehr, auf Menschen mit Behinderungen zuzugehen. Ich fand sie ein wenig schwierig, weil man mich dazu erzogen hatte, nur immer die äußere Hülle zu sehen.

Ich glaube, Alison wurde von einer Freundin »angeheizt«, sich mir zu nähern. Mir war klar, daß ich versuchte, gelassen und normal zu sein, als wenn jemand ganz Gewöhnlicher zu mir spräche, war mir aber ihrer Behinderung sehr bewußt.

Dies war der einzige Kontakt, den ich mit Alison in dieser Phase hatte. Ich bemerkte sie, aber mehr war nicht. In den nächsten zwanzig Wochen gingen wir wieder getrennte Wege. Dann kam das zweite Wochenende. Als ich Alison sah, schoß mir eines durch den Kopf: Das ist jemand, den man hierhergesetzt hat, um zu sehen, wie wir reagieren – um uns zu beobachten. In der ersten Sitzung an dem Wochenende lachten wir alle los. Alison hat ein ansteckendes Lachen, das sie manchmal einsetzt, um Situationen zu lokkern – und ich glaube, sie setzte es auch damals ein. Wir scherzten und lachten viel.

Als Gruppe hatten wir verschiedene Aufgaben zu erfüllen. Wir wurden nach dem Zufallsprinzip zusammengewürfelt, und unsere Gruppe funktionierte sehr gut. Wir waren recht mitfühlende Menschen, die jedoch starke Persönlichkeiten besaßen. Die Jugendfürsorger, die das Wochenende leiteten, bewerkstelligten das und stellten uns bewußt in Streßsituationen.

Als Ergebnis wußten Alison und ich, wie wir zusammenarbeiteten. Wir wußten nicht viel voneinander, doch wir erfuhren eine Menge darüber, wie wir unter Streß funktionierten und so weiter. Und von dem Moment an machte sie einen starken Eindruck nicht nur auf mich, sondern auch auf die anderen in der Gruppe ... obwohl *meine* Gefühle tiefer gingen. Inzwischen war mir ihre Wackligkeit weniger deutlich bewußt, aber die Behinderung selbst faszinierte mich, und ich fand es interessant, mit Alison darüber zu reden und etwas über ihre eigenen Erfahrungen als Behinderte zu lernen.

Als das Wochenende vorbei war, küßten wir uns alle zum Abschied, und ich küßte Alison auf die Stirn – daran erinnere ich mich ganz genau. Ich mußte also immer noch viele Vorurteile und viel Verlegenheit überwinden.

Als wir uns getrennt hatten, beschloß unsere Gruppe, sich ungefähr einen Monat später wieder zu treffen. Wir trafen uns und organisierten eine Disco in der Krypta unter der Abtei von St. Albans, und dabei wurden wir recht betrunken. Als ich genug hatte, um meine Hemmungen zu überwinden, begann ich mit Alison zu tanzen – eng zu tanzen. Die Party endete, nachdem der Kaplan der Abtei, ein enger Freund von mir (Vater Robbie), in der Krypta anrief und sagte, er könne den Lärm hören, den wir machten, und wohne weiter weg als der Dekan, und wir würden den Dekan ganz sicher aufwecken, wenn wir nicht ganz schnell unsere Sachen packten.

Also gingen wir alle in meine Wohnung und feierten dort weiter. Irgendwie landeten Alison und ich allein in meinem Zimmer, und ich kann mich an Sätze erinnern wie: »Ich mag dich wirklich.« »Ich mag dich auch.« (Ich glaube, ich habe es zuerst gesagt.) Ich nehme an, wir versuchten beide zu sagen: »Ich liebe dich.« Den größten Teil der Nacht redeten wir miteinander und schliefen dann zusammen mit den anderen in meinem Zimmer ein.

In der Woche sahen wir uns noch zweimal, und inzwischen entwickelte sich alles recht tiefgehend, obwohl ich immer noch Probleme hatte, Alisons Behinderung zu akzeptieren. Ich erinnere mich, daß ich meinen besten Freund Duncan anrief, der zu mir sagte: »Laß dich nicht mit einer Spastikerin ein. Du wirst dich dein ganzes Leben um sie kümmern müssen.« Trotzdem, nachdem er sie kennengelernt hatte, sagte er, er denke, es gebe eine Menge Möglichkeiten in unserer Beziehung, da wir immer wieder neu voneinander lernen könnten, was es hieß, »normal« oder »behindert« zu sein. Und es ist für uns beide auch ein kontinuierlicher Prozeß. Ende August 1984, nachdem ich in St. Albans alles erledigt hatte, kam Ally wieder für zwei Wochen mit meinem Bruder und mir nach Builth. Das Auto war voll mit meinen Sachen. Wir hatten kurz vor Reading eine Panne und mußten nach Hause abgeschleppt werden. Mum rannte hinaus zum Auto und hüllte Ally in gewisser Weise ein, trug sie fast ins Haus. Ich glaube, Dad und Mum hatten damals Probleme, unsere Beziehung zu akzeptieren.
Dann fuhr ich, soweit ich mich erinnere, mit Alison zurück nach Watford und wohnte circa eine Woche in ihrer Wohnung, bevor ich im September im St. Stephen's House anfing. Es war das erste Mal, daß sie ganz allein in ihrer Wohnung war, daß sie ohne mich war, seit ich im vorigen Monat aus Frankreich zurückgekommen war. Also war das Rays große Chance, wieder die Bühne zu betreten.
Am nächsten Wochenende kam ich wieder, um sie Freitag abend zu besuchen, ich wollte Samstag abend zurückfahren, und da bemerkte ich, daß er »Heiliger Schweinehund!« mit Farbe auf mein Auto gesprüht hatte. Ich zeigte es dem Direktor, der sagte: »Vielleicht sollten Sie das mit dem Mädchen doch lassen?«
Ich war ungläubig und konnte diese Feindseligkeit einfach nicht verstehen. Ich glaube, Ray war wirklich in sie verliebt, aber er lernte nie die Lektion, von der ich hoffe, daß ich sie

bei Megan gelernt habe: daß, wenn man jemanden sehr liebt, das Liebevollste, was man in so einer Situation tun kann, darin besteht, zu gehen.

Ich kann ein wenig verstehen, wie er sich gefühlt haben muß. *Ich* hatte das Gefühl, ich müßte ihm das Fenster mit Ziegelsteinen einwerfen, aber ich bin in vieler Hinsicht recht tolerant, und dieser Vorfall ist eine Quelle für Scherze geworden, denn das Auto war nicht gerade neu (ein alter Avenger), so daß es nicht viel ausmachte.

Es war das Beste, was Ray je tat, denn Alison ging zu ihm und schaffte klare Verhältnisse, und das war das Ende. Manchmal ist es möglich, eine Beziehung zu beenden und trotzdem Freunde zu bleiben, obwohl das nicht oft vorkommt. Danach wußte ich, daß der Weg für mich frei war. Alison wurde zum Stammgast im St. Stephen's House, und die meisten Leute dort kannten und mochten sie – akzeptierten sie als Alison, Marks Freundin, aber schließlich auch ganz einfach als Alison, ein Teil der College-Gemeinschaft.

Allmählich wurde unsere Beziehung intensiver. Wir machten aber auch viele Höhen und Tiefen durch. Einmal hatten meine Eltern tatsächlich mit mir ein ernstes Wort wegen unserer Beziehung zu reden. Ihre Hauptsorge war, daß Alison keine praktizierende Christin war, doch dieser Einwand fiel weg, als sie vom Erzbischof von Wales im St. Stephen's House im Juni 1986 gefirmt wurde. Alison hatte ihn im Sommer davor kennengelernt, und zufällig kam er ins St. Stephen's House, um dort zu predigen. Ich kann immer noch das Echo von Alisons kristallklaren Antworten hören. Sobald sie gefirmt und kommunizierendes Kirchenmitglied war, wurde nichts mehr gesagt. Ich kann nicht für meine Eltern sprechen, ob jemals ein Vorurteil bestanden hat oder nicht. Ich befürchte aber ja. Ich nehme an, daß sie heute völlig begeistert sind von der Aufmerksamkeit der Medien und dem Erfolg, den Alison hat. Mein Vater scheint sich immer mehr für Alison erwärmt zu haben. Als er sie zum Essen bei der Royal Welsh Show ausführte, glaube ich, genoß er jede Minute mit ihr. Die Royal Welsh Show wird von der Royal Welsh Agricultural Society in Builth Wells geleitet. Sie findet jedes Jahr vier Tage lang statt und ist eine Riesenschau, die Tausende von Menschen aus ganz Wales anzieht, die dorthin kommen, um sich über Landwirtschaft zu informieren. Man sieht dort Ausstellungsstücke in Lebensgröße und verschiedene landwirtschaftliche Maschinen.

Das Essen ist eine schicke Sache, zu dem vor allem Mitglieder der Aristokratie gehen. Mein Vater genoß es, daß seine Schwiegertochter eine Berühmtheit war. Er sonnte sich in dem Ruhm, der auch ein wenig auf ihn zurückfiel, wie es alle ihre Freunde und wahrscheinlich auch ich in hohem Maße tun. Das hat wohl zu einem großen Anteil an Akzeptanz in der ganzen Familie geführt.

Alle meine drei Brüder haben Alison akzeptiert. Mein Bruder Simon hat sie sehr früh kennengelernt. Als ich aus Frankreich nach St. Albans zurückkam, nahm ich ihn für einige Wochen mit. Simon war damals um die siebzehn. In meiner üblichen Art hatte ich Alison zu einer Art Monster aufgebaut. Ich wußte, er würde wirklich gelassen sein müssen, oder sie würde loslegen: »Was ist los mit dir? Warum machst du dich über meine Behinderung lustig?«, denn so war sie, als ich sie kennenlernte: aggressiv, defensiv in solchen Dingen.

Ich ging zum Arbeiten in den Pub und ließ Simon in der Wohnung zurück, so daß er, als Alison kam, aus dem Fenster schauen und sie hereinlassen mußte. Er gewöhnte sich viel schneller als ich, und nachdem er sie kennengelernt hatte, sagte er etwas wie: »Du hast eine gute hier, Mark. Bleib bei ihr – sie ist viel besser als alle anderen.«

Ich glaube nicht, daß ich wegen Alison Freunde verloren habe. Vielleicht hat es persönliche Abneigungen gegeben, aber das ist etwas anderes. Ich habe Freunde gewonnen, weil ich eine besondere Frau habe, und das macht mich für die Leute interessanter.

Was die Haltung der Gesellschaft im allgemeinen angeht, so dachte ich nur: Scheiß auf die Welt. Ich werde Alison heiraten, weil ich sie liebe. Schließlich war das das einzige, was zählte.

Ich wurde ganz schön von Mitgliedern des Lehrkörpers im St. Stephen's House in die Zange genommen, als ich sagte, daß ich heiraten wollte. (Was die Vorgehensweise angeht, so muß ein anglikanischer Priester um »Nachsicht bitten«, wenn er heiraten will: Es ist nur eine Formalität.) Ich hatte Freunde, die auch heiraten wollten, und die Priester legten dann Lippenbekenntnisse ab, doch mich nahm man stärker in die Zange. Der Rektor des Hauses machte es sehr nett und fürsorglich, und als ich erklärte, wie unabhängig Alison sei, war er sehr verständnisvoll. Ich glaube nicht, daß es ihm in den Sinn kam, daß sie ins College fuhr, um mich zu sehen, oder daß sie allein in ihrer Wohnung lebte.

Mein persönlicher Tutor unterstützte mich sehr, vor allem in der Zeit vor unserer Hochzeit, als ich das Gefühl hatte, daß beide Elternpaare Schwierigkeiten machten: die üblichen Streitereien darüber, wo die Hochzeit stattfinden sollte und wann und wer für was zahlen sollte. Es gab noch andere Spannungen, die innere Familiendynamik, die Probleme machte, und ich spürte, daß Vater Brian Curnew (mein persönlicher Tutor) mehr als alle anderen dachte, daß die Ehe richtig sei und daß er uns helfen wollte, wo er nur konnte. Er war auch der einzige des Lehrkörpers, den ich bat, bei unserer Hochzeitsmesse mitzuwirken.

Ein höheres Mitglied des Lehrkörpers wandte sich aggressiv gegen meine Ehe mit Alison. Einmal nahm er mich beiseite und meinte durch die Blume, daß sie ein

Hemmschuh für mein Priesteramt sein würde – daß ich so viel Zeit mit ihrer Pflege verbringen würde, daß ich in der Pfarrei nichts mehr leisten könnte.
Das machte mich sauer, und als Alison und ich anschließend darüber nachdachten, mußten wir beide weinen. Ich war schockiert, daß jemand, der Priester in einer christlichen Kirche war, sich so benehmen konnte. Es regte mich wirklich auf – und es tut immer noch ein wenig weh, wenn ich heute daran denke.
Doch wir heirateten – und wir heirateten, weil wir uns lieben, und das ist das Wichtigste.

Sobald ich mich entschieden hatte, mich zum Priester weihen zu lassen, war ich überzeugt, daß ich bis zu meiner Heirat keine sexuelle Beziehung haben würde. Dann traf ich Alison, und wir kamen nur über das erste Stadium hinaus, da sie sich zu mir genauso hingezogen fühlte wie ich mich zu ihr. Sobald ich diesen Grad an Anziehungskraft und Intimität erreicht hatte, erschien mir der Rest – meine vorhergegangenen Ängste und Sorgen – dumm.
Ich glaube, am Anfang war ich für sie wahrscheinlich eine große Enttäuschung, weil ich so besorgt darüber war, ob ich sie richtig küssen könnte und so etwas, aber sobald dieses Stadium durchschritten war, gab es kein Problem mehr.
In den Augen der Kirche ist Sex vor der Ehe etwas Falsches, aber wir leben nicht in einer idealen Welt, und die Dinge können sich nie sauberen kleinen Gesetzen und Regeln anpassen, sosehr wir das vielleicht auch wollen und wie bequem es auch wäre. So ist das Leben nicht.
Alison gehört zu den glücklichen Menschen, denen es leichtfällt, nein zu sagen, bis der Richtige auftaucht. Ich gehöre nicht dazu, und deshalb war mein Leben früher ein ganz schönes Durcheinander. Die Schwierigkeit besteht darin, daß, wenn man alle Tabus in der Hinsicht beiseite schiebt, wenn man sagt: »Du kannst mit jedem schlafen,

den du haben willst«, daß das Ergebnis dann Anarchie ist und ein schweres Ausnutzen von Menschen – und heraus kommt das Gegenteil von Liebe. Wenn jemand gemeint hätte, ich hätte Alison aus Altruismus oder Mitleid geheiratet, wäre ich ziemlich beleidigt gewesen. Ich nehme an, daß der Rektor und andere im St. Stephen's House meinten, das sei ein Motiv, aber Menschen, die mich gut kennen, verstehen, daß ich niemals aus diesem Grund diese Ehe angestrebt hätte.

Bei mir wußte man nie so recht, was ich vorhatte. Daß ich Priester wurde, war eine große Überraschung für viele, und ich glaube nicht, daß meine Ehe mit Alison eine größere war.

Ich wurde im Juni 1987 für das Diakonat von St. Albans Treboeth in Swansea geweiht und ließ mich sofort nach der Ordination dort nieder. Nach unserer Hochzeit und den kurzen Flitterwochen zog Alison zu mir. Sie unterstützt mich sehr, ist ein Gewinn für die Pfarrei, denn ich glaube, daß sie tatsächlich an meine Arbeit glaubt. Vielleicht tut sie das nicht im geistigen Sinn des Wortes (ihr Glaube hat sich noch nicht sehr entwickelt), doch sie kann verstehen, daß meine Rolle wichtig ist, wenn ich mit jungen Leuten arbeite und wenn ich mit Leuten in Trauersituationen umgehe.

Als ich Alison kennenlernte, war sie heftig gegen die Religion eingestellt. Wir wurden damit in Krächen und Diskussionen fertig. Ich fand es wirklich schwer, weil ich all die Liebe und all den Frieden, den ich erfahren hatte, ihr nicht mitteilen konnte. Warum konnte ich es ihr nicht begreiflich machen?

Ihre Akzeptanz hängt von ihrer Stimmung ab. Manchmal ist sie beißend gegen die Kirche; und dann wieder denkt sie tiefgehend darüber nach. Alles, was ich von ihr verlangen würde, ist, daß sie offen und aufnahmebereit ist, und ich bin sicher, daß dann etwas passiert. Es ist in der Position, in der sie sich befindet, unvermeidlich.

Ich denke gerne daran, daß ich Alison die Unterstützung und die Hilfe gab, die sie brauchte, als sie aufs College ging, um ihren Abschluß in Jugend- und Gemeindearbeit zu machen. Ich möchte gerne das Gefühl haben, daß ich ihr auf dem Weg etwas Trost gab, im Vergleich zu ihrem vorigen Freund, der seinen festen Standpunkt hatte und die Funktion der Frau vor allem als Versorgerin der Familie sah.

Meine Erwartungen an die Ehe sind die von jemandem, der im Leben einen Partner an seiner Seite braucht, und ich sehe Alison als jemanden, der in der Beziehung seinen Anteil leistet. Im Moment entwickelt sie ihre Möglichkeiten und kämpft so gegen die Welt der Gesunden. Ich glaube, die Heirat war ein Teil davon.

Jetzt scheint es ihr immer besser zu gehen. Vielleicht wird sie schneller als ich langsam werden, wenn wir erst mal fünfzig, sechzig sind, aber das ist noch zu weit weg. Ich glaube, wir werden wahrscheinlich eine Familie haben, obwohl wir die Bequemlichkeiten des Lebens schätzen, die dann wohl wegfallen würden. Manche Formen von Behinderung sind genetisch; andere, wie CP, sind es nicht. Es kann (physische) Schwierigkeiten geben, wenn Alison ein Baby bekommt. Wenn das so ist, dann wird das ganz sicher der Grund sein, warum wir eins kriegen, denn Alison will *alles* beweisen. Ich glaube, sie ginge sogar so weit, ihr Leben zu riskieren, wenn sie das Gefühl hätte, daß sie damit etwas beweist.

Es gibt Momente, da kann ich mich nur hinsetzen und zusehen, wie sie kämpft, so schmerzlich das auch sein mag. Manchmal, wenn wir in Eile sind, binde ich ihr die Schuhe: Das ist ein Zugeständnis, das sie akzeptiert. Ich befestige auch ihre Ohrringe immer. Man lernt mit Ally sehr schnell, wann man ihr Hilfe anbieten kann und wann man sie kämpfen lassen muß.

Ich glaube, Alison ist jemand, die sich nicht viele Freunde

macht. Die Menschen sind freundlich zu ihr, aber sie wird sie nicht *Freunde* nennen. Ich bin das Gegenteil. Alison ist zurückhaltender als ich, weil es sie verletzbar macht, Freunde zu haben. Sie ist auch mir gegenüber verletzbar, und das endet manchmal in Feindseligkeit, da ich ihr weh tun kann. Wir sind beide starke Persönlichkeiten, und deshalb gibt es Reibereien. Es gibt nicht viele Menschen, die ihr unter die Haut gehen und sie verletzen können. Sie ist sehr elastisch und läßt sie nicht an sich heran. Sie ist offen und ehrlich, aber es gibt eine Barriere. Ich habe diese Barriere niedergerissen. Ich glaube, für sie ist das immer noch schwer: die Tatsache, daß ich sie wahrscheinlich besser kenne, vollständiger kenne als alle anderen – sogar als ihre Eltern.

Es ist interessant – ich liebe die *ganze* Alison. Sie liebt ihre Behinderung nicht. Sie haßt sie. In gewisser Weise ist sie dazu gelangt (sie zu hassen). Der Haß auf den »Spastiker« hat sie weitergetrieben, dazu, den »Spastiker« zu schlagen und ihn in gewisser Weise vergessen zu machen. Ich finde ihre ganze Persönlichkeit attraktiv. Ich finde auch, daß sie gut aussieht. Das Aussehen zu kennzeichnen ist sehr subjektiv, doch ich finde Alison auch sexuell anziehend. Ich glaube, viel kommt daher, daß ich nicht mehr bemerke, daß sie wackelt, daß sie komische Grimassen schneidet, daß sie undeutlich spricht. Das sehe ich alles nicht. Ich sehe tatsächlich mehr von *Alison.*